edition suhrkamp 2493

Im Frühsommer 2005, zehn Jahre nach Dayton, bricht der serbische Schriftsteller Bora Ćosić zu einer Reise durch das frühere Jugoslawien auf. Er hat das Land Anfang der neunziger Jahre aus Protest gegen die nationalistische Kriegspolitik der Machthaber verlassen und findet ein Gebiet neuer Widersprüche vor. Müllberge türmen sich in Kroatien, Dörfer sind noch vom Krieg gezeichnet, protzige Villen von Neureichen stehen in der gespenstischen Republika Srpska. Als Oase erscheint die Halbinsel Istrien, das »lichtdurchflutete Wohnzimmer unseres Kontinents«. In Sarajevo, zwischen Ruinen und verkohlten Skeletten der Geschichte, überblenden sich die Gegenwart und das Wissen um die Jahre der Belagerung, deren Spuren Ćosić nachgeht. Das Herzstück seines Berichts bildet Belgrad, wo er den größten Teil seines Lebens verbrachte. Bei alten Freunden und Bekannten erfährt er sich als dazugehörender Außenseiter. Dynamisch zwischen Heute und Damals wechselnd, verbindet er sinnliche Anschauung mit politischer Kritik, scharfsinnige historische Reflexion mit überraschenden Reisebildern und Erinnerungen an eine einst avantgardistische jugoslawische Kulturszene, getrieben von der Frage, wie es zur Katastrophe hatte kommen können.

Bora Ćosić, 1932 geboren, lebt in Rovinj/Istrien und Berlin. Im Suhrkamp Verlag erschienen *Die Zollerklärung* (es 2213), *Die Rolle meiner Familie in der Weltrevolution* (st 3422) und *Das Land Null* (2004).

Autorenfoto: Jürgen Bauer

Bora Ćosić
Die Reise nach Alaska

Aus dem Serbischen von
Katharina Wolf-Grießhaber

Suhrkamp

Titel der Originalausgabe:
Put na Aljasku,
Prosveta, Belgrad 2006

edition suhrkamp 2493
Erste Auflage 2007

Deutsche Erstausgabe

Satz: Jung Crossmedia Publishing
Druck: Druckhaus Nomos, Sinzheim
Umschlag gestaltet nach einem Konzept
von Willy Fleckhaus: Rolf Staudt
Printed in Germany
ISBN 978-3-518-12493-2

1 2 3 4 5 6 – 12 11 10 09 08 07

Die Reise nach Alaska

Im Jahre 1955 sagt der Literat Matko Peić zum Maler Josip Vaništa: »Du bist in dem Irrtum befangen, du müßtest, wenn du durch Zagreb gehst, auf Marcel Proust stoßen. Merk dir, hier gibt's keinen Proust! Von dieser Stelle, wo wir stehen (im Zrinjevac-Park), bis zum Schwarzen Meer gibt es nur ein Haus mit Strohdach, einen morastigen Hof mit einem Beil auf einem Holzblock, vielleicht einen Hahn. Weiter nichts. Und wieder ein Haus, einen Hof, ein Beil... und immer so weiter bis zur Donau, bis ans Meer.«

Seit damals sind fünfzig Jahre vergangen, sehr veränderliche, aber das Grundsätzliche, mit Matkos Beil auf dem Holzklotz, ist gleich geblieben: eine düstere Gegend ohne alles, und kein Proust weit und breit. Dennoch gab es dort, wie wir sehen, all die Zeit ein paar Leute von feiner Geistesart und von einem tiefen Bewußtsein dessen, was um sie herum geschieht. So hat dieser Maler, Vaništa, zusammen mit einigen Freunden, irgendwann um 1960 in der Hauptstraße von Zagreb einen Schaufensterkasten gemietet, einen leeren und tristen, der zu nichts diente, mit der Absicht, im Namen dieser kleinen Gruppe genau das auszustellen, was sie angetroffen haben, diesen Schaufensterkasten, leer und traurig. Denn das war die Zeit der Leere, man mußte sie nur publik machen, auf welche Weise auch immer.

Und bei allem erfüllte diese Episode des Vakuums die Seelen dieser Menschen. Heute ist das die Geschichte ihres reinen Gewissens.

B. Ć.

I

Ob der Mensch hier oder dort geboren wird, ist eine Sache des Zufalls. Damit verliert der Begriff »Heimat« oder »Vaterland« seinen besonderen Stellenwert: alles läßt sich auf geographische Koordinaten zurückführen – profane Punkte auf der Landkarte unseres Schicksals. Und wenn ich mich heute, nach vielen Jahren, auf den Weg in mein Geburtsland mache, fühle ich mich, als wäre ich nach Afrika oder nach Alaska aufgebrochen. So gehe ich in die unbekannte Gegend meiner Vergangenheit, ohne eigentlich zu wissen, warum. Mit völlig neutralen Emotionen: ich habe nicht die Absicht zu beweisen, daß dies eine außerordentliche oder eine völlig mißratene Gegend sei. Ich bin mit keinerlei Mission, weder einer politischen noch einer ideologischen, betraut. Ich gehe vielleicht nur hin, um meiner Frau das Haus zu zeigen, in dem ich zur Welt gekommen bin, und damit sie mich vor ihr Geburtshaus führt. So brechen wir in das Alaska unseres früheren Lebens auf, von allem befreit, reine Touristen auf dem Weg unseres Seins, Pilger in das Land dessen, was vor langer Zeit unser Leben ausgemacht hat. Denn auch das, was gewesen ist, nimmt sich, wenn man es wieder besucht, anders aus: es gibt keine Geschichte, die unverändert bliebe, vieles entschwindet ihr, etwas Neues wächst auf diesem bereinigten Boden. Es gibt eine Täuschung, eine psychologische, wenn es dem Menschen so vorkommt, als hätte er etwas erlebt, hat es aber nicht. In seinem Geist hat sich eine solche Menge von Daten abgelagert, aus Büchern, Bildmaterial und Erzählungen anderer Menschen, daß dir diese Mischung schließlich wie etwas Bekanntes, Persönliches, Eigenes vorkommt. Deshalb bin ich nicht sicher, ob ich die Reise durch meine Vergangenheit ohne diese fremden Beimischungen machen werde, vielleicht werde ich den Roman eines Lebens, eines fremden, erzählen. Denn die Mehrzahl unserer »Romane« sind fremde, nur teilweise unsere Geschichten. Weil wir auch im Laufe unseres eigenen Schicksals das Material, die »Dramaturgie«, den Inhalt eines allgemeinen Seins nutzen, in dem wir manchmal die Rolle von Statisten spielen.

Um aus unserer heutigen Berliner Heimat in das Alaska unserer Vergangenheit zu gelangen, müssen wir durch Österreich fahren, den Mustergarten Europas. Hier erscheint alles so künstlich schön, wie nur ein Garten aussehen kann, wie eine Drechslerarbeit, ein Kunstwerk von Gärtnerhand. Vielleicht ist alles, was es auf Erden gibt, das Werk von jemandes Händen, zumindest von einer, wer weiß wessen. So gibt es auf diesem Kontinent nicht die Unberührtheit der Natur, wie es sie vielleicht ohnehin niemals gegeben hat. Denn in meinen Phantasien kommt es mir so vor, als wäre der Mensch immer schon hier gewesen, wenn auch als unerwartetes Subjekt, ungeladener Gast und zufällig Vorübergehender. Aber auch einem solchen Wesen, das plötzlich bei uns daheim auftaucht, gelingt es manchmal, unser Haus, unser Zimmer, unser Leben umzugestalten. Auf diese Art stelle ich mir die menschliche Spezies vor, vorübergehend, fremd, zufällig, aber dauerhaft. Da hat dieser Stamm, der sich durch einen Unfall von der Tierwelt abgesondert hat, sein Bündel vom Rücken genommen, sich niedergelassen, um auszuruhen, und sich dann darangemacht, seine Erdenwohnung, sein Haus in Ordnung zu bringen. Dies fällt zuerst in Österreich auf. Wo in einem artistischen

Tempo alles bis zum Irrsinn geformt, geordnet, gefügt, eingerichtet, geschmückt, vervollkommnet wurde. Die Berge und Täler, die Obst- und Weingärten. Jedem Baum scheint dieser Abdruck der Menschenhand anzuhaften und jedem Grashalm die Spur seiner Füße. Jetzt müssen wir nur gemächlich und in Ruhe den Text dieser Handschrift, der Natur lesen, mit vielen Ergänzungen, Einschüben und einem Endlektorat, das von den Menschen kommt. Dann wenden wir uns der Geschichte zu. Mir fällt ein, daß die Mutter meiner Mutter, meine Oma, bei Graz geboren wurde, daß Lidijas Oma in dem abgelegenen, aber wunderschönen Städtchen Friesach ein Mädchenpensionat besuchte. Und deshalb konstruiere ich eine lang zurückliegende Novelle, wie sich unsere beiden Großmütter irgendwie getroffen, vielleicht kennengelernt haben könnten. Möglicherweise saßen sie in derselben Kutsche, die Lidijas Großmutter in dieses feste Gebäude für feine Mädchen Anfang des zwanzigsten Jahrhunderts brachte, wo sich heute ein Heim für alte und hinfällige Menschen aus Kärnten befindet. Meine Großmutter, schon mit meinem Opa verheiratet, könnte bei ihrer Verwandtschaft, ihrer österreichischen, zu Besuch gewesen sein, die Wege haben sich gekreuzt, all das scheint mir möglich.

So reicht unser heutiger Bund, Lidijas und meiner, in die tiefe Vergangenheit des vorletzten Jahrhunderts zurück und verweist zudem darauf, daß das österreichische Gebiet unser gemeinsames Land war, der Staat, in dem unsere Großmütter geboren wurden. Damit reisen wir nicht nur in das Land Kroatien, in den Staat Serbien, sondern auch in jenes gemeinsame Land unserer parallelen Genealogie, als wäre dieser südeuropäische Garten eine Abteilung der allgemeinen Bibliothek unseres Geschlechts, etwas wie eine

Sektion in einem Amt für Statistik, das für unsere Vergangenheit zuständig ist. Wo man alles aufmerksam und in Ruhe durchlesen muß, falls man uns erlaubt, daß wir diese Bücher aus ferner Zeit in die Hand nehmen. Friesach ist ein ordentliches Städtchen mit einem langgestreckten Platz, der gemächlich zu einem Felsen hin ansteigt, unter dessen Wand der ganze Ort liegt. Da sind Kirchtürme, angenehme Restaurants, Häuser, die Bauwerken aus den Städten Slawoniens oder dem Zagorje ähneln, nur daß alles wie für den Besuch eines Revisors hergerichtet ist. Es gibt nichts Ungeordnetes, Unsauberes oder Verfallenes, alles ist wie für eine Premiere gemacht, die wir besuchen, eine Vorstellung über das Wohnen in einer Gegend, die abgeschieden, aber vollkommen, entlegen, aber einer kultivierten Atmosphäre durchaus benachbart ist. Die Leute dort sind allerdings etwas sonderbar, unter ihnen sind schwerfällige, müde, womöglich kranke Personen. Manch einer zieht sein Bein nach, die Pfleger aus dem Spital schieben Rollstühle, in denen Personen mit trüben Augen und heraushängender Zunge sitzen, als wären wir zuerst in eine Brueghel-Galerie geraten, die allmählich zu Bosch hinübergleitet. Denn dies war eine abgeschlossene Gegend, in ihrer schönen Vollkommenheit von der Welt abgetrennt, das Blut erneuerte sich nicht so oft von außen, das Menschengeschlecht an diesem idealen Ort verkrüppelte, da es sich mit sich selbst paarte, die Entwicklung war bedroht. Weil sich der Mensch nicht ungestraft innerhalb des eigenen Geschlechts vermehren kann, wohl aber mit anderen, unbekannten Personen, Fremden, Ankömmlingen von wer weiß woher, das ist diese andere Spezies, fast eine andere Tierart, eine Andersartigkeit, die wertvoll ist. So beginnen wir schon in den ersten Tagen der Reise mit unserer Erzählung, dem Thema der Gemeinsamkeit, dem ich diesen Band, ein Brevier der Verschiedenheit, widmen werde.

So haben wir unsere Fahrt in einem offiziell fremden Land und in einem ausländischen Staat begonnen, der aber doch der unsere war, Kern und Wurzel unser beider Familien. In einem Staat, dem leider zerstörten Österreich-Ungarn, der bei allem Ungemach seiner starren Administration und zeitweiliger Engherzigkeit eine so große Anzahl von nationalen Gruppierungen zusammenhielt, wie sie vielleicht erst einer gemeinsamen europäischen Gesellschaft der Zukunft zuteil werden wird. Dort kam es zu den ersten Mutationen, nationalen, regionalen und familiären. Aus jener Zeit stammen die pittoresken Nachnamen, die uns vorausgingen, das sind unsere Wochels, Fusars, Miokovićs und Pachers. Dort vermischten sich die Mikroteilchen der Stämme von Nord und Süd, von hier und von dort, wobei sie jenes tägliche Brot der Leute kneteten, das heute unsere südeuropäische Pogatsche ausmacht. Darüber gibt es schon etwas bei Thomas Bernhard, und ich wiederhole es gern selbst: Abgeschlossenheit – ökonomische, geistige, körperliche – im eigenen Hof macht aus unserem schönen Dörflein ein Asyl für Kretins, ein Sanatorium voller Debiler. Noch ist die Frist nicht abgelaufen, in der all diese Entartungen, hervorgerufen durch die Einzäunung in den eigenen Hof – wie das die stolzen gelehrten serbischen Herren getan haben –, zutage treten werden, aber Zeichen des Kretinismus, Symptome geistiger Lähmung und intellektueller Senilität kündigen sich bereits an. Deshalb achte ich im attraktiven Städtchen Friesach, wo sich an den Vorübergehenden einzelne Bilder physischer Schwächen zeigen, bereits auf das, was wir in den Städten unseres Südens antreffen werden.

Mich interessiert sehr, was uns im Raum des ehemaligen Landes erwartet, jetzt, wo ich nach und nach vieles vergessen habe, so daß mir, glaube ich, die Einzelheiten dort ganz neu, wie nie gesehen vorkommen werden. Weil man auch das, was man »sich gemerkt«, und erst recht das, was man vergessen hat, eigentlich nie gesehen hat, es steht nur in der Vorratskammer meines Unbewußten, manifeste Bilder des latenten, jedoch tatsächlich Geschehenen. Wie am Ende eines Buchs eine kurze Liste steht, sein »Inhaltsverzeichnis«. Aber einen Inhalt dieses Inhaltsverzeichnisses gibt es nirgendwo, er ist auf viele Kapitel verteilt und von der Komprimiertheit eines Inhaltsverzeichnisses weit entfernt.

Die Überschreitung einer Landesgrenze kann sich sehr unterschiedlich gestalten, je nach den Umständen. Ich erinnere mich an eine Einreise in die ehemalige Deutsche Demokratische Republik durch ein Labyrinth von Betonblöcken und Spiegeln auf krummen Stöcken, mit denen untersucht wird, ob nicht irgendein unglücklicher Flüchtling am Unterteil des Chassis festgebunden ist. An vergleichbaren Orten gibt es heute nicht einmal mehr Kabinen für die Grenzposten, einfach nichts, ein guter Teil Europas kennt diese Institution der Barriere an der Staatsgrenze nicht mehr. Die Einreise in mein ehemaliges Land ist irgendwo dazwischen. Es gibt keine Tortur wie in der DDR, aber die Herren, die Sie in die Heimat hineinlassen, halten immer noch sehr auf sich: manchmal schauen sie lange in Ihren Reisepaß, als hätten sie vergessen, was sie tun sollen, manchmal winken sie nur mit der Hand und geben Ihnen die Erlaubnis zur Einreise, wie man Kühe durchläßt, die von der Weide kommen. Besonders interessant sind die Begebenheiten an der slowenischen Grenze. Dort sind die Bediensteten dieser winzigen Republik besonders würdevoll, denn von allen ehemaligen jugoslawischen Staaten gehören sie als einzige zum vereinten Reich, dem europäischen, sie sind wie ein Vorhof dieser Festung, deren Dimensionen sich allmählich und unter vielerlei Bedingungen erweitern.

Da sind wir also, auf dem Boden des früheren Landes von Tito, in seinem westlichsten Teil, von schöner Natur, reserviert im menschlichen Umgang, zu langweilig für einen längeren Aufenthalt. Weil man nicht unbedingt nur von der Landschaft leben kann, wie hübsch sie auch sein mag. Gleich will ich bedeutende, außergewöhnliche Personen der slowenischen Kultur nennen, Leute, die ich kenne und die mir nahestehen: den feinen Dichter Tomaž Šalamun, den transrationalen Regisseur futuristischer Ideen, Živadinov, den verschrobenen modernen Komponisten Globokar. Šalamun, der heute bedeutendste slowenische Poet, begann in der explosiven Gruppe OHO, denen, wie der Name schon sagt, das Auge (Oko) und das Ohr (uHO) wichtig sind. Damit geriet diese kleine Schar von Dichtern, Malern, Philosophen und Konzeptionalisten jeder Art in den sechziger Jahren des letzten Jahrhunderts mit dem realen Zustand unserer damaligen Gesellschaft in Kollision, auf seltsame Weise und unter Einsatz nicht alltäglicher, destruktiver Mittel. Einige Formen waren unbewußte Repliken auf Arbeiten von Duchamp, dann gab es auch visuelle Platten, mit Zeichnungen, die sich auf dem Grammophon in wundersame Bilder verwandelten. Der Stil dieser Sonderlinge, sich zu benehmen, zu kleiden und mit den Menschen zu kommunizieren, sorgte für kleine Skandale und ein permanentes Theater des Absurden. So stellten drei von ihnen ihre Körper aus, bedeckt mit Leintüchern, aus denen nur die Köpfe herausguckten. Das war ihre Darstellung des berühmten slowenischen Berges mit den »drei Köpfen«, des Triglavs. Dieses alpine Hochland ist der Stolz der slowenischen Nation, und direkt vor dem Gebäude des slowenischen Parlaments installiert, stellten seine Maquette und Miniaturform die ansonsten ungeduldige sozialistische Verwaltung auf eine harte Probe, dieser lebende Berg mußte rasch demontiert werden. Natürlich hören diverse Leute in einzelnen Fällen auf, »destruktiv« zu sein. Das Mitglied dieser erstaunlichen Gemeinschaft Marko Pogačnik, der früher seine Skulpturen gebaut hatte, indem er verschiedenes Verpackungsmaterial aus Plastik mit Gips gefüllt hatte, legte in neuerer Zeit einen Entwurf für die slowenische Staatsflagge vor. So scheint mir, daß sich über der pejorativen Darstellung des berühmtesten nationalen Bergs doch das Banner dieses stolzen neuen kleinen Landes erhebt. In der Gruppe, der damaligen, war auch ein Amerikaner, David Nez. Ihn hatte der Mathematismus des Zufalls nach Ljubljana verschlagen: er hatte den Globus gedreht und mit geschlossenen Augen seinen Finger auf einen Punkt gestoßen, das war die slowenische Hauptstadt. Dies zeigt, daß man dieses beengte Milieu entkrampfen kann, wenn jemand im Vertrauen auf seinen Surrealismus, auf sein Unbewußtes es darauf anlegt, seinen Finger dorthin zu stoßen. Diese wundervolle Gruppe ist seit langem auseinandergebrochen und in der Welt verstreut, aber Šalamuns Gedichte erscheinen auch weiterhin in vielen Ländern, verrückt in ihrem Geist, dicht in ihrer Verständlichkeit, melodiös durch ihre dodekaphonische Rauheit.

So gibt es in diesen Landschaften Leute, die schon jahrzehntelang versuchen, die biedermeierliche Steifheit des gesamten Gesellschaftssystems zu lockern, in erster Linie durch die schweren Klänge, die Punkklänge der Musikgruppe Laibach. Ihre Auftritte, aggressiv, laut, aber eindrucksvoll, haben das Tempo des hiesigen Lebens stärker verändert als die ganze Schwerindustrie dieser entwickelten Region.

Dann kommt Globokar. Bereits in seinen Siebzigern, betritt er mit nacktem Oberkörper eine Berliner Bühne, bläst im Gehen Posaune, improvisiert eine sonderbare Musik, aus dieser Zeit, aber dann auch, als befände er sich auf der Bühne des Cabaret Voltaire in Zürich, in den zwanziger Jahren des letzten Jahrhunderts.

Živadinov, bulgarischer Abstammung, breitet seine Vorstellungen nicht nur über riesige Räume, Plätze, Bahnhöfe und Hotelhallen aus, sondern auch über kaum zu fassende Zeiträume, indem er die nächsten Akte seiner eigenen Theateridee einige Jahrzehnte im voraus anberaumt. So sprießen in der Regel auch in geistig bescheidenen Gegenden wunderbare Menschengewächse, in jeder Hinsicht unerwartet, ihnen zu Ehren gehe ich durch diese paradiesischen Gefilde. Denn die Landschaft erfordert lebendige, zugängliche und angenehme Menschen, die Landschaft ist nur eine erfolgreiche Kulisse für das Schauspiel ihres Lebens, sein Inhalt ist jedoch das wichtigste bei diesem Auftritt. Damit springen wir über diesen Korridor Europas, eingefügt in das einstige Land unseres Seins, hinweg, Slowenien ist ein sehr schmales Territorium dieses Kontinents, bald sind wir wieder an einer Schranke, an der vor Kroatien. Einmal, es ist schon lange her, reiste ich durch die ehemalige Heimat, zu einer Zeit, als man nicht unbedingt darauf achtete, welcher Fußbreit des gemeinsamen Staates zu welcher Republik gehört. Trotzdem bekam irgendein Zwerg, verschwitzt und rot im Gesicht, der im Bus hinter mir saß, beinahe einen Anfall, da, brüllte er, da hört Slowenien auf, da beginnt unser Kroatien! Ich erinnere mich, wie ich verwundert auf den Straßenabschnitt schaute, nirgends ein Strich oder irgendein Zeichen, heute ist das Brüllen dieses Hysterikers legalisiert, die Schranke erinnert uns daran, daß wir das europäische Land Slowenien verlassen haben, endlich sind wir in der Heimat, schmal, wie sie schmaler nicht sein kann, der Region, wo wir geboren wurden.

Es braucht viel Nachsicht gegenüber dem heimatlichen Boden, große Überwindung, um diesen Boden, auf dem wir zufällig zur Welt gekommen sind, vom Rest des Planeten abzutrennen. Weder die Bäume in dieser Gegend sind anders noch das Gras, noch die sanften Hügel. Sonst müßte ja das ganze geographische System der Mutter Erde mit Grenzlinien durchschnitten werden, wie in Lehrbüchern der Geologie, wo ein Berg mit einem approximativen Schnitt, als würde man Brot durchschneiden, eingeschnitten wird, damit wir die einzelnen Schichten lernen, Sand, Lehm, Stein und Kohle. Krapina, der Geburtsort meiner Frau, liegt dicht an der nördlichen kroatischen Grenze, in dieser Gegend zeigt fast alles eine Neigung: ein wenig zu Slowenien, sehr viel stärker zu Österreich. Verlieren die Menschen, die die Nähe anderer Welten spüren, etwas von ihrer nationalen Integrität? In dieser Nähe kann man nur gewinnen. Weil auch der Warenfluß dafür sorgt, daß es einzelne Gebrauchsgegenstände »hier« wie »dort« gibt, der noch immer vorhandene Grenzschnitt verliert viel an Schärfe, die hohe Bevölkerungszahl in der Nähe so vieler Grenzen, all das ist eine Existenz in einer Mischehe, das hört man besonders an der Sprache. Die weder unsere noch ihre ist, sondern niemandes. So wie im Land Istrien weder kroatisch noch italienisch gesprochen wird, sondern in jener wunderlichen und wundersamen Mischung, genannt Veneto. Nun sind wir also da, vor Lidijas Geburtshaus, wo noch immer ihre Mutter lebt. Es ist ein Gebäude vom Ende des neunzehnten Jahrhunderts, das ihrer Familie gehört hatte, doch dann kamen die Zeiten der Einengungen, der Restriktionen, der Umorientierung vom Weiteren aufs Engere, vom Reichlicheren aufs Bescheidenere, vom Fröhlichen der Kinderzeit auf den Ernst des Jugendalters und später. Das ist, als würde ich beschreiben, wie sich das Leben der Menschen im Sozialismus entwickelt hat, aber ich möchte nur sagen, was ein altes Haus an Geschichte birgt, das Erstehen auf einem Brachland. Seine Blütezeit und den stillen Sturz in die Gewöhnlichkeit und den Verfall. Lidijas Geburtszimmer ist heute Teil des Gemeindebüros, und so müssen wir mit der freundlichen Erlaubnis eines Beamten diese Abteilung von ich weiß nicht was betreten, damit mir die Person, die dort zur Welt gekommen ist, den Ort dieses Ereignisses zeigen kann. So residieren im einstigen Haus der Wochels heute leicht verwirrte Brillenschlangen mit ihren unklaren Gemeindeakten, die Großeltern sind tot, und Lidijas Mutter bewohnt den inneren Teil des Hauses, dort hinter dem kleinen grasbedeckten Hof. Denn unser Bürgertum zieht sich hierher zurück, in die inneren Teile des Staates und der Gesellschaft, draußen stehen Fahnen und Tafeln, die diesen Staat und dieses Gesellschaftssystem symbolisieren. Dieser Eindruck, ein fassadenhafter, vom kroatischen Land, verstärkt sich in der Hauptstadt. Der zentrale Park, in dem die ersten Jahre meiner Kindheit vergingen, dieses regelmäßige Viereck mit dem Musikpavillon im Jugendstil, mit den gepflegten Rondellen und irgendwelchen Leuten, die auf Bänken sitzen, dieser Park meiner frühesten Vergangenheit wird von Verwaltungs-, Gerichtsgebäuden und Ministerien umrahmt, dort sind jene Tafeln mit den dekorativen Wappen angebracht, die Aushängeschilder unserer Heimat. Als überreichte diese ganze Stadt, ihr engeres Zentrum, dem Passanten ihre Visitenkarte, die Verwaltung des Staates ist zu ihren Bürgern zu Besuch gekommen und möchte sich auf diese Weise vorstellen, sich empfehlen. Aber eigentlich ist die Position genau umgekehrt: wir, die Leute dieses Landes, sind zu Besuch in diesem Land, es ist unser Gastgeber, und wir sind seine Besucher und Gäste.

Jetzt müssen wir die Schotterwege und Blumenbeete des Parks verlassen und den festen Boden der Stadt betreten. Ich weiß nicht, weshalb die Straßen unserer früheren Städte so uneben, die Trottoirs so grob aufgewühlt sind. Es gibt bereits viele erneuerte Fassaden, die Trümmer des vergangenen Krieges verschwinden langsam, Sonnenschirme tauchen vor den Cafés auf und Blumenmotive auf den Kleidern der Mädchen, an den Ecken werden Blumen verkauft, und irgendwo dudelt Musik, aber die Fahrbahn, auf der wir gehen, die Bürgersteige, über die wir spazieren, sind gefährlich aufgesprungen, verwandelt in unzählige Löcher und bedrohliche Risse. Das wiederholt sich von Stadt zu Stadt, im gesamten Alaska unserer Reise. Wie ein Merkmal, ein allgemeines, des Lebens dort, diese Aufgewühltheit des Bodens, auf dem die Menschen gehen. Als wären die Bewohner dieser Orte selbst mit Spitzhacken in den Händen aus ihren Häusern gekommen und wie rasend auf das Pflaster losgegangen, obwohl ihnen dieses nichts zuleide getan hat. Als hätte sich der ganze Gram und der ganze Haß dieser Menschen, deren Schicksal oft so brutal zurückgeworfen, verdorben und zugrunde gerichtet wurde, über diese Oberfläche ihres Lebens ergossen. Ich denke, dies ist ein Paradigma der Länder im Übergang, die schlechte Fahrbahn, die so ramponiert zurückgeblieben ist, nachdem die

Lastwagen der Geschichte darüber gefahren sind. Denn das habe ich auch in Warschau und in Budapest und in Zagreb gesehen. Dies kann nur bedeuten, daß die Völker dieser Länder den festen Boden unter den Füßen verloren haben, die gerade Fläche, auf der sie sich irgendwohin bewegen könnten, vorwärts. Jetzt ziehen auch wir, die Alaskareisenden, ein Bein nach, bleiben alle Augenblicke an einem Schrund, an einer Grube hängen, in die eine vergangene, schwer zu erkennende Zeit gefallen ist. Dann betreten wir ein Gebäude im Zagreber Zentrum, ein altes festes Haus des einstmaligen kroatischen Bürgertums, nur daß die Klinken an den Türen gefährlich wackeln, die Bodenplatten gesprungen sind, die Marmortreppen aussehen, als wären sie von irgendwelchen toll gewordenen Tieren, Steinfressern, angenagt worden. Die Wände in der Wohnung unserer Verwandten sind nicht gestrichen und dunkel, an der Decke bemerkt man Feuchtigkeitsflecken, aus dem Bad der Leute im Stockwerk darüber ist Wasser durchgesickert, sie haben keine Zeit, es zu reparieren. Die Badezimmer leiden dort alle an derselben Krankheit, die Hähne sind alt und undicht, ununterbrochen rinnt ein dünner Strahl heraus, als weinte die ganze Installation über ihr Schicksal. Die einst aus feinem Parkett gemachten Böden sind nicht wiederzuerkennen, die Jalousien funktionieren nicht, Glühbirnen baumeln an dünnen Drähten, dort, wo einst die Lüster, die Leuchten längst vergangener Tage hingen. In diesem ganzen Derangement, in diesem Alptraum aus alten Möbeln, unbrauchbaren Apparaten und vielen verstreuten Gegenständen sitzen junge Leute, ordentlich gekleidet; phlegmatisch trinken sie Kaffee aus angeschlagenen Tassen, rauchen, starren auf den Bildschirm eines ziemlich guten Computers, auf dem ein kompliziertes Spiel mit Autorennen und blutigen Abrechnungen kriegführender Banden abläuft. Eigentlich geschieht in dieser Wohnung einer ehemaligen angesehenen Zagreber Familie, unter einer neuen Generation, einer desinteressierten und düsteren, nur das, was auf dem Bildschirm dieses Computers geschieht: das verrückte Rennen eines künstlichen Schumachers, die schwere Schlacht der Gelben gegen die Grünen, in einer unbekannten Gegend endgültiger Abrechnung. Am liebsten würde ich aus diesem Haus flüchten, aber es sind ja unsere Kinder, die Kinder unserer Verwandten und Freunde, es sind die Fortführer unseres Lebens, wenn dieses überhaupt verdient, fortgeführt zu werden.

Wie kann man ihr aktuelles Leben verbessern? Die alte Installation, die bürgerliche, ist längst abgenutzt, sie wurde in der Zeit des Sozialismus einigermaßen erneuert, jetzt, in der Periode des Übergangs, gibt es keine Ausbesserung mehr, alles hält, solange es eben hält, dann ist es aus. Als wäre jede kleinste Maschine im Haus, jedes Scharnier oder jede Schraube an der Tür oder der Fenstergriff, als wäre all das am Ende seiner Lebenszeit angelangt, es gibt keine Gelegenheit mehr, das Leben dieser Hilfsmittel zu verlängern, die Haken, Klinken und Schrauben unserer Zeit geben tagtäglich den Geist auf, sie hinterlassen eine Verwüstung, als wäre eine Horde Plünderer, begierig auf unsere Stecker und Steckdosen, durch unsere Häuser gegangen und hätte in ihrem awarischen Zorn die Drähte aus den Wänden und die Nägel aus dem Holz gerissen. Auf der anderen Seite wachsen scheußliche Gebäude aus Glas und Stahl in die Höhe, alles in diesem Gebiet der neuen Reichen ähnelt den Cartoons von Flash Gordon, aber die Mehrheit, jene gewöhnlichen und ungewöhnlichen Menschen aus den Häusern, die das eigentliche Zentrum der Stadt Zagreb bilden, dieses Publikum lebt in den beschriebenen Verhältnissen und in der Szenerie eines Wandertheaters, dessen Zubehör durch das tagtägliche Ziehen von Ort zu Ort beschädigt ist. Weil auch die unbeweglichen Gebäude unserer ehemaligen bürgerlichen Klasse in ununterbrochener Bewegung sind, weil sie aus einer Zeit in die andere, aus einem Regime in das andere, aus einer Herrschaft in die andere wandern, und dabei fallen ihr die Knöpfe von den Mänteln, der Mörtel von den Fassaden, die Ziegel von den Dächern. Alles wird dürftig, kümmerlich, verwahrlost und vernachlässigt, als wären die meisten Gebäude, als wären alle Menschen in ihnen Waisenkinder, zurückgelassen von ihren Eltern, ein Oliver Twist in einer Million Exemplaren, ein Findelkind ohne die Möglichkeit, seine Herkunft zu beweisen, für seine Rechte und sein Erbe zu kämpfen. Denn dieser Generation aus einer auf den Kopf gestellten, in einen Flohmarkt verwandelten Wohnung, die ihre Zeit mit dem Opiat der Computerspiele totschlägt, gebührt ein unvergleichbar ehrenhafteres und besseres Leben als jenes, das sie lebt, nur daß sie nicht imstande ist, an dieses heranzukommen, das Tribunal, vor dem es diesen jungen Menschen gelänge, die Position, die sie verdienen, zu erwirken, gibt es nicht.

Wir gehen auf die Straße hinaus und springen über riesige Säcke mit Müll, es gibt in der Hauptstadt der Republik, die auf Europa hofft, eine besondere Ordnung der Beseitigung von altem Kram: den ganzen Tag über tragen die Leute ihre Bündel mit Abfällen hinaus, man muß die frühen Morgenstunden des folgenden Tages abwarten, bis die Müllabfuhr sie abholt. In der Zwischenzeit leben die Menschen auf dem Müll, steigen über den Abfall, atmen den Gestank ein, als wären die Abfälle ihres Lebens das einzige, was ihnen noch bleibt. Ich bin sicher, daß in den wohlhabenden Familien der Neureichen alles vor Sauberkeit blitzt, ich glaube, die Diener und Dienerinnen der neuen Klasse heben jedes Stückchen weggeworfenen Papiers auf, und doch stolpern die Mächtigen, wenn sie aus ihren Häusern treten, ebenfalls über Säcke mit Scherben, weggeworfenen Gegenständen, über allen erdenklichen Müll, der auf die ferne Stunde der allgemeinen städtischen Reinigung wartet. Läßt sich die Doktrin der Länder im Übergang zurückführen auf die Idee, diesen Menschen ihre ganze vorherige Ordnung zu nehmen und ihnen nur den Müll zu lassen, die Abfälle ihres Seins, damit sie die meisten Stunden am Tag davon umgeben sind? Das Menschengeschlecht ist auf dem ganzen Planeten vom Müll bedroht, alle großen Städte leiden unter der Last ihres eigenen Abfalls, und doch, in diesen Ländern, im Alaska unserer Vergangenheit, sind die Bündel verbrauchten Materials, die Säcke, die in milden Mainächten an den Straßenrändern seiner Großstädte schimmern, ein Friedhof, nicht nur von weggeworfenen und unnötigen Dingen. Man muß noch einmal die Deponie unseres Schicksals beschreiben, jenen Hügel einstiger Dinge, Begebenheiten, Minuten und Stunden, jener Emotionen und Ahnungen, diese kleinen und großen Erzählungen von Millionen Menschen, diesen ganzen Wust von Verbrauchtem, Vernachlässigtem, Weggeworfenem. Denn ein Kehrichthaufen besteht nicht nur aus unbrauchbaren, zerrissenen und verstreuten Einzelheiten, auf der Deponie einer Zeit sammelt sich auch soviel von dem an, was wir gar nicht hätten abtreten und verlottern lassen dürfen, dann das, was uns die anderen weggenommen haben, nicht um sich das Weggenommene anzueignen, sondern um aus reinem Fanatismus, geistigem, ideologischem, religiösem, etwas aus unserer Vergangenheit zum Abfall und auf den Müll zu werfen. Sonst würden sich auf den städtischen Müllhaufen ja nicht die gespenstischen Gestalten der Sammler bewegen: Sie suchen nicht nur nach Brauchbarem, sondern scheinen durch ihre mühevolle Arbeit eine nachträgliche Gerechtigkeit für das Weggeworfene erwirken zu wollen, die Gegenstände und unsere Existenz.

Es ist allerdings nicht alles Müll in dieser Stadt, es gibt dort wertvolle Dinge, eine Tradition, eine Geschichte und vor allem die Menschen. Ich habe dort viele außergewöhnliche Individuen gekannt, hochbegabte, die sich manchmal infolge dieser oder jener gesellschaftlichen Umstände zurückgezogen haben, mitunter auch aus freien Stücken. Ich kannte den schrägen Vogel Josip Kulundžić, Regisseur beim Theater, mit einer in einen schwarzen Fetzen gewikkelten Hand. Früher einmal, in seiner Jugend, hatte er jemandes Frau umworben, der eifersüchtige Ehemann nahm ein Hackbeil und hackte ihm einen oder zwei Finger ab. Kulundžić lebte später in Belgrad, lehrte an der Theaterakademie, sah in mir einen Geistesverwandten, und ich, wiewohl viel jünger, genoß seine verbalen Paradoxa, die peripatetischen Gespräche auf der Knez-Mihajlo-Straße. Wir standen uns also nahe, nur daß ich das Geheimnis des schwarzen Fetzens an seiner Hand nie endgültig enträtselt habe. Es gab in der Stadt Zagreb noch einen großen Barden, Theaterbarden, Vlado Habunek. Ein feiner Geist, Theaterprophet, Kenner und Deuter der europäischen Strömungen in unserem balkanischen Krähwinkel, ein Ästhet von der Sorte Swanns, dazu Homosexueller in einer Zeit, als schwul zu sein nicht so einfach war, wie es heute scheint. Denn einer Gruppe gleichgeschlechtlich orientierter Personen anzugehören war vor siebzig Jahren anrüchig und unanständig, und so litten die großen Geister, wie es sie unter diesen Leuten gibt, an ihrer Besonderheit und waren frustriert, niedergedrückt, am Rand schwerer Neurosen. Ich erinnere mich an den Filmregisseur Krešo Golik, der während des Pavelić-Regimes im Zweiten Weltkrieg ein wenig am kulturellen Leben teilgenommen hatte, wenn von dergleichen überhaupt die Rede sein konnte. Krešo war jemand, dem die Idee, andersgeartete Menschen abzumetzeln und zu terrorisieren, fernlag, und trotzdem stand er nach dem Krieg lange im Schatten, verfemt und verstoßen, eine Erfahrung, die auch viele Schauspieler machten. Ein Bildhauer, der König Alexander auf dem Pferd modelliert hatte, danach Ante Pavelić, den Diktator des Unabhängigen Staates Kroatien, konnte reibungslos zu einer Statue von Josip Broz Tito übergehen, irgendwie war das möglich. Bei Golik war es schwieriger, anonym führte er Regie bei ganzen Szenen in den Filmen weit weniger begabter Autoren, erst Jahre später wurde er rehabilitiert, aus dieser Periode stammen die lustigsten Nummern des Zagreber Films – starre Zeiten verkehren sich manchmal in eine Komödie. Es gab in dieser Stadt überaus tüchtige Personen, wie Zlatko Gorjan. Dieser Mann hat die beiden wichtigsten Bücher der Literatur des zwanzigsten Jahrhunderts, *Ulysses* und *Der Mann ohne Eigenschaften*, ins Kroatische übersetzt. Er schickte mir, als ich ganz am Anfang stand, ermutigende und unterstützende Botschaften, getroffen habe ich ihn allerdings nie, ich weiß nicht, wie er aussah, ich habe keine Ahnung, wo er wohnte.

Wenn wir jetzt über diesen Friedhof der Zeit gehen, wirken einige Erscheinungen gespenstisch, sie können überall um uns herum sein. Denn all diese Menschen sind heute tot, nur einer blieb übrig, der uns sehr wichtig ist, der Dichter Danijel Dragojević. Ich habe ihn mehrere Jahre nicht gesehen, jetzt erwarten wir ihn im Kleinen Café, auf dem zentralen Zagreber Platz, unter dem Jelačić-Denkmal. Dieses Monument hat seine Geschichte, zuerst war es da, später, in der Titozeit, ist es verschwunden, heute hat es die neue Regierung wieder auf den alten Platz zurückgestellt, als hätte jemand Roß und Reiter in der Zwischenzeit in einem geheimen Stall gefangengehalten. Deshalb scheint es mir jetzt so, als käme auch mein Freund, der sich aus der Ferne nähert, aus einem geheimen Versteck, in dem er sich sein ganzes Leben lang selbst eingesperrt hat. Danijel, auf jeden Fall der größte lebende kroatische Dichter, ist ein völlig in sich zurückgezogener Mensch, bescheiden bis zur Selbstverleugnung, in Wahrheit jedoch ein intellektuelles Pulverfaß, von sprühendem Geist und einer wundersamen Sprachkombinatorik; dieser kleine Mann mit lachenden Augen und einer Aussprache, die von einer dalmatinischen Insel stammt, hat eine Menge geflügelter Worte zu einzelnen gesellschaftlichen und künstlerischen Erscheinungen geprägt. Nur muß man seine explosive Ladung zünden, und das gelingt uns zum Glück, einige Jahrzehnte der Freundschaft liegen hinter uns. So funkte im Herzen dieser Hauptstadt, die viele Risse hat, dieses Fest des Geistes, der ingeniösen Beobachtungen und der Freundschaft. Die trotz aller neu eingeführten Barrieren fortbesteht: Das erste, worüber Dragojević etwas hören möchte, ist das Schicksal eines Dichters, des Belgrader Dichters Borislav Radović. Wie es ihm geht, was er schreibt, und wie er lebt. Wir unterhalten uns darüber, daß wir durch die letzten Kriege getrennt sind, daß unsere Manuskripte und unsere Existenzen in alle Himmelsrichtungen verstreut sind, aber gleichwohl möchte dieser weise Mann gegen niemanden etwas sagen, denn er meint, das Böse sei kein Problem, kein lösbares, es sei ein Mysterium. Das Zusammensitzen mit diesem Barden erweist sich als ein Ereignis auf höherer Ebene, als wären wir im Herzen einer Metapher. Ich frage ihn, was er im Sommer vorhabe und ob er verreisen werde, aber er fragt sehr spöttisch, wohin denn. Was er irgendwo solle und warum er dorthin, wer weiß wohin, gehen solle. Er muß in dieser Stadt sein und dasein, immer und ewig, wie es auch mit Kant war. Unentdeckt in der Welt, unzugänglich auch dort, wo er als wichtig und unumgänglich verehrt und geschätzt wird, dicht in seiner Prosodie und transparent in dieser Dichte, bleibt Danijel dort für sich, mit seinen verwickelten Schlüssen, seinen ironischen Kommentaren zu den hiesigen Phänomenen; seine Gedanken, die zu sammeln ich nicht imstande bin, plätschern dahin, es sind so viele, daß sie ein Netz um jeden Zuhörer, um jede anwesende Person spinnen.

Dann geht der Dichter wieder nach Hause, seine Gestalt verliert sich wie in den verborgenen Perspektiven, die in Physikbüchern dargestellt werden, während dieser Freund in unseren Herzen nach wie vor die riesigen Dimensionen einnimmt, die er verdient.

Zufällig liest meine Frau auf dieser Reise ein Buch von Bunin, über Čechov. Wo immer wir anhalten und wenn es in der Umgebung gerade nichts Besonderes zu sehen gibt, schlägt sie ihre deutsche Ausgabe des russischen Dichters auf, der Čechov gekannt hat, der sogar von seiner Liebe, seiner heimlichen, wußte, durch Briefe. Dies mag wie ein unnötiger Einschub wirken, aber ich denke, das ist es nicht. Weil unserer Reise der Wunsch zugrunde liegt, unsere ehemaligen Länder zehn Jahre nach dem Krieg zu besichtigen und dann auch etwas aus unseren Leben anzusehen, die jahrzehntelang parallel verliefen, ohne sich jemals gekreuzt zu haben. Es ist ein wahres Wunder, wenn Lidija mir erzählt, wen sie alles gekannt hat, das waren auch enge Freunde von mir, und es grenzt fast an Zauberei, daß wir uns in früheren Zeiten niemals begegnet sind. So kenne ich ihre Geschichte über die Liebe, die sie zu einem großen Schriftsteller empfand, der mein Freund und Weggefährte war. Wie sie einmal, als sie losging, um ihn in einem Lokal zu treffen, ein Kettenglied vom Lüster nahm und daraus eine Brosche machte. Wir reden offen und ehrlich über unsere Vergangenheit, und so stört mich auch diese Episode nicht, nur finde ich es immer noch seltsam, daß dieser Freund mir gegenüber nie ihren Namen erwähnt hat. Dieser Zwischenakt gewinnt jetzt durch ihre Reiselektüre an Tempo, besonders durch jene Teile, die darstellen, wie sich die junge Lidija Alekseevna in Čechov verliebte. Sogar ihren Namen findet sie in dieser altmodischen Romanze, dieser russischen, wieder. In unserem Fall endete auch alles so, daß der Dichter ihres Lebens unverhofft krank wurde und starb. Es sterben die Dichter also nicht nur Anfang des zwanzigsten Jahrhunderts, sondern auch an seinem Ende, ob Russen, ob Serben, und die übriggebliebenen unterhalten sich heute mit uns, überall dort, wo sie zu treffen und zu sehen wir noch Gelegenheit haben.

2

Dann steht uns der zweite Akt unseres Besuchs im Alaska unserer Vergangenheit bevor, die Straße in das Land Bosnien. Nach dem Grün der slawonischen Wälder, das die neugebaute Autobahn einrahmt, kommen wir über die trübe Save auf bosnisches Gebiet, das unter lokaler serbischer Verwaltung steht, eine äußerst arme Region, geschmückt mit nationalen Kennzeichen, verwahrlost und schmutzig, der gegenüber die negativen Zagreber Bilder nur ein bescheidenes Vorwort darstellen. Die abgenutzte Fahrbahn, zusammengeflickte baufällige Häuser, karikaturhafte Läden mit irgendwelchem Bofel, barfüßige Kinder, zerlumpte Bauern und hier und da ein Soldat, auch er sieht arm aus, all das ist so etwas wie unser Uganda, das Afrika unserer Geschichte, das heute mit Plunder aus anderen Gegenden vollgestopft ist – als hätte alle Häßlichkeit dieses Planeten ihre Tasche über diesem armseligen, einst kultivierten Grenzgebiet ausgeschüttet und über einer Gegend, die kaum noch schlimmer zu verunstalten war. Denn diese ganze Wegstrecke von Slawonski Brod nach Derventa und weiter nach Süden, Richtung Zenica, unsere gesamte Trasse ist eingerahmt vom selben Dekor: systematisch zerstörten und niedergebrannten Häusern. Die kleinen oder größeren Gebäude, die einstmaligen Wohnstätten der dortigen Menschen, ihre Heimat, ihr Besitz, das, was ihre Herkunft ausmachte, alles ist bis auf die Grundmauern verwüstet und vernichtet, die serbischen Häuser von den Kroaten, die kroatischen von den Serben, am schlimmsten aber jene, die durch serbische und kroatische Bemühung zerstört wurden: die Häuser der bosnischen Muslime. Das ist unsere gemeinsame Kriegsarbeit, unsere Manufaktur der Destruktion, unsere Fabrik des Bösen und des Wahnsinns. Während ich durch das wunderschöne, aber aufgewühlte Bosnien reise, frage ich mich, was die Brandstifter und Zerstörer dieses Landes besonders herausgefordert haben könnte, was sie dazu getrieben hat, ein Motiv für die klassischen Gemälde von Jovan Bijelić, dem expressionistischen Meister der dreißiger Jahre, in Schutt und Asche zu legen, mit ihren Stiefel niederzutreten. Denn im Hirn jedes Verbrechers, im Bewußtsein jedes menschlichen, zu Brandstiftung und Vernichtung bereiten Monstrums gibt es einen Impuls, eine negative Herausforderung, die sie zu besonders bösen Taten treibt – das ist gewöhnlich ein Aufblitzen von Schönheit oder Harmonie, die man zerstören, verunzieren, dem Erdboden gleichmachen muß. Ich denke, dort waren es die schlanken, eleganten, herrschaftlichen und wie vom Himmel gefallenen weißen Stäbe der Minarette, diese von wer weiß woher in die weiche Erde gesteckten Pfeile, die über ihre religiöse, geistige oder philosophische Mission hinaus eine Art Anpflanzung darstellen, eine zauberhaft schöne und unwiederholbare. Zum Glück sind auch nach allen Armeen und nach allen blutrünstigen Bestien ziemlich viele von diesen leichten, scheinbar unverständlichen Bauwerken übriggeblieben, die am Horizont schimmern wie der letzte Rest eines vormaligen Lebens und eines seligen Glücks dieser armen, bescheidenen und gottesfürchtigen Menschen, die verstreut sind über die vielleicht schönsten Berge Europas, geformt von einer ebenfalls unverständlichen und unbekannten Hand. Die den eigenen geologischen Vorstellungen entsprechend das Ihre getan hat, und danach kamen kleinere oder größere Baumeister, um der

Idylle diese Flaumfedern von Türmen hinzuzufügen, die jedenfalls nicht nur dazu da waren, daß der Dorfhodscha von ihnen herab mehrmals täglich seine demütigen Gebete ausrief. Die Minarette der bosnischen Dörfer und Städte, die Türme dieser manchmal ganz bescheidenen Moscheen, das war ein lichter, weicher Wald islamischer Birken, eine Gattung von Glaubensbäumen, die auch in meinem ungläubigen Herzen Behagen, Wonne und kurze Glücksmomente hervorruft. Das nun mußte in jenem Krieg meines serbischen, meines kroatischen Volkes zerstört werden, wie wenn bei Čechov der unbekannte Käufer Vorkehrungen trifft, die Kirschbäume, den Kirschgarten zu fällen, und dadurch das ganze vormalige Leben einer Familie, einer Zivilisation zugrunde richtet. In dem russischen Stück bleibt ungewiß, was der neue Herr auf dem vernichteten Obstgarten errichten wird, hier im Land Bosnien spielt sich bereits ein ungeschriebener Akt dieser Tragikomödie ab.

Ein Gebäude, errichtet auf dieser staubigen Straße, zeugt von bitterem Humor: eine absolut glamouröse Tankstelle, teuer wie im Westen, als wäre ein Modul aus Spielbergs Phantasie mitten in diese arme Gegend gefallen. In der es von Feldklos nur so wimmelt, überall Gestank und Dreck, der aus einer unbekannten Kanalisation strömt, und dort, mitten auf der Straße durch die Hoffnungslosigkeit, blitzt eine Toilette, ganz in Marmor, mit amerikanischer Beleuchtung, nur daß der Korb für die Papierhandtücher leer ist. Weil die Bewohner der Republika Srpska vergessen haben, daß man sich nach allem, allem Getanen, wenigstens die Hände waschen sollte.

Der provinzielle Geist der Neureichen, der die eigene Vergangenheit nicht pflegt, erneuert das Zerstörte nicht, vielmehr sprießen bauliche Ungetüme ohne Schönheit und

Sinn empor, so daß die Öde der verbrannten Erde durch eine andere, durch die Öde der geistigen Armut, der Prahlerei und Geschmacklosigkeit ersetzt wird. Daher muß man sich gewaltig anstrengen, um zwischen diesen Festungen der Häßlichkeit zu den klaren Linien des bosnischen Hauses mit seinen vier Dachschrägen vorzudringen, zu jenem Gewächs einer dauerhaften menschlichen Baukunst, die harmonisch und wie dem Boden entsprossen wirkt, denn das alte bosnische Haus gleicht einem chinesischen Objekt aus Papier, einer Blume, einem Gemüse, einem ganz aus sich heraus hübschen Stein.

In der Gegend hinter Maglaj taucht ein Hochplateau auf, mit sehr seltsamen Gebäuden, ein Markt von großen Ausmaßen, fast eine ganze Stadt des Handels, man nennt sie Arizona. Die Läden dort tragen verrückte und nie gesehene Firmenschilder. Chicago. Dallas. Madonna. Hotel Dilemma. Als hätte jemand das Terrain für eine Hollywoodkomödie, für eine mexikanische Liebeslimonade abgetreten, und der Plan wäre im letzten Moment geändert worden. So leben die bosnischen Menschen weiterhin in einer fremden Szenographie, wo sie doch eine eigene, viel eindrucksvollere haben. Dort, wo wir alle Augenblicke Anschläge mit LAND ZU VERKAUFEN lesen, und ein kleines Dorf heißt Nemila (Ungeliebt). Der Markt indes hat unendliche Dimensionen, beinahe bezweifeln wir, daß wir jemals wieder herauskommen. Vielleicht ist Bosnien per Dekret zu einer allgemeinen Piazza, zu einem globalen Marktflecken geworden, dort wird Land verkauft, vielleicht nicht nur ein Stück Feld von armen Leuten, sondern alles, was es dort gibt, Menschen, Himmel, Bäume und Berge. In der Gegend, wo geduckte Dörfler in einem Ort wohnen, der Nemila heißt. Ein Markt also. Als hätte man dort alles gesammelt, was nach einem Kataklysmus übriggeblieben ist, als hätten die Retter, die nach einem Erdbeben oder einer großen Überschwemmung helfen, alles, was aus den zerstörten und heimgesuchten Häusern übriggeblieben ist, an einen Ort geschleppt, Teile des Mobiliars, Küchengerät, Bücher, billigen Schmuck, Fotografien, zerbrochenes Kinderspielzeug, Fahrräder, Kleidung, Schuhe jeder Art. Nur daß man das auf diesem Feld zum Verkauf anbietet, als böte man jemandem, der sich dafür interessiert, den Inhalt eines ganzes Landes, seines gesamten Lebens an, dies ist ein Karneval unter der Zuständigkeit des Gottes Hermes, mit den goldenen Flügelchen um die Fußgelenke. Es gibt nicht gerade viele Käufer hier, nur Berge von aufeinander geworfenen Sachen, ein Lager voller Waren der Armut, doch wer das alles kaufen wird, ist die Frage.

Piazze, Märkte, Plätze waren während der Belagerung Sarajevos gefährliche Orte, die Artilleristen von den umliegenden Bergen zielten manchmal genau auf diese Punkte, als bestrafte ein bösartiger Jesus die Händler im Tempel. Aber es waren nur einfache, gewöhnliche Leute mit dem Wunsch nach Möhrchen, die sie dort vielleicht hätten finden können, der Hunger war unendlich in diesen Jahren, als hätte sich die russische Geschichte nach der Oktoberrevolution wiederholt. Zu dieser Zeit las ich aufs neue das Buch von Hamsun, über den Hunger in Kristiania. Und stellte mir seinen Helden in Sarajevo vor, während der Belagerungszeit, wo er seinen Bürgern beibringt, wie man an einem Stückchen Holz saugt, um die Schmerzen im Bauch zu betäuben, wie man von Knochen, die für Hunde bestimmt sind, noch immer eine Fleischfaser ablösen kann. Weil der Mensch manchmal ungeheuer wenig, unglaublich wenig braucht, um zu existieren. Auf diese Idee kam ein Philanthrop aus Holland, der den belagerten Bürgern von Sarajevo in Briefen Mikromengen lebensnotwendiger Materie schickte: ein paar Salzkörner, ein bißchen Zucker, eine Nähnadel. Es stellte sich heraus, daß das nicht nur Botschaften der Hoffnung, nicht nur Briefe des Trostes waren. Manch einer machte die holländischen Sendungen zu kleinen Feiertagen, gewidmet dem Salzen gekochter Brennesseln, dem Stopfen zerrissener Hosen. Dann wurde die Hamsunsche Periode durch die Unterschriften der Mächtigen in Dayton beendet, das Blutvergießen auf den Märkten wurde eingestellt, geblieben ist allerdings die Praxis von Angebot und Nachfrage, Kauf und Verkauf, das große Mysterium des Kommerzes. Es gibt eine Regel: Nach jedem Krieg oder jeder Revolution bringen die Menschen einen Teil ihrer Dinge auf den Markt, erst das, was sie nicht mehr brauchen, dann das, was sie veräußern müssen, um den Hunger zu stillen. Jene liebe junge Frau, die mit Čechov die Romanze ihres Lebens hatte und über die Lidija während der Reise liest, enthüllte zwei Jahrzehnte nach Čechovs Tod in den Briefen an Bunin, daß sie während der zwanziger Jahre Teile ihrer vorrevolutionären Garderobe, ihrer vornehmen, luxuriösen und wertvollen, zu einem Spottpreis verkaufte, nur um mit ihren beiden Söhnen das nackte Jahr des Leninschen Umsturzes zu überleben. Lidija Alekseevna beschreibt dem Freund ein bestimmtes Areal auf einem Markt in Moskau, wo die überlebenden Vertreter des russischen Bürgertums ihre Kleider verkaufen. Dieses bildete fast ein ganzes Viertel, ein herrschaftliches, auf jener Piazza boten Hunderte von Herren und Damen den bäuerlichen und anderen Massen ihre Abendgarderobe, Schmuck, Uhren und Lampenschirme, Requisiten eines in der Zwischenzeit aufgelösten Theaters, die Ausstattung eines bankrott gegangenen Cabarets an. Alle sprachen untereinander französisch, vielleicht aus Vornehmheit, vielleicht aus Stolz, möglicherweise nur, um nicht aus der Übung zu kommen. Die Leute in der Umgebung nannten dieses Areal des Marktes die bourgeoise, vielleicht sogar »französische« Abteilung. Dieser Augenblick scheint manchmal gekommen, wo der Verkauf der eigenen Habe, des Eigentums, der persönlichen Geschichte und des Schicksals nicht mehr abzuwenden ist – jene, deren Schicksal es war, brauchen es nicht mehr, vielleicht wird es jemand anderes irgendwann übernehmen, abkaufen, nach Hause tragen. Eine ganze Welt wird von Zeit zu Zeit zum Verkauf angeboten, entweder weil sie aus der Mode gekommen ist oder weil ein Verstorbener sie hinterlassen hat. Es kommen verschiedene Leute, stöbern in diesen Bergen des Vergangenen, halten irgendeinen Mantel in den Händen oder heben ein leicht angeschlagenes Glas gegen das Licht, um dann meistens alles wieder zurück auf den allgemeinen Abladeplatz des Nichts zu werfen, und nur manchmal zweigen sie ein paar Pfennige ab, um diesen Beweis eines verflossenen Lebens mitzunehmen. So hat sich auch diese Ware angesammelt, auf offenem Feld, irgendwo in Bosnien. Weil dieses Land nicht mehr existiert, zumindest nicht mehr so, wie es war, und deshalb braucht es auch die Dinge, die es ausgemacht haben, nicht mehr, soll sie mitnehmen, wer sie braucht. Außerdem markiert ein Markt alter Dinge immer das Ende einer Epoche, einer Weltanschauung, einer Klasse. Die sich von sich selbst trennt, indem sie sich den Mantel vom Rükken streift, weil sie, wie Hamsuns Held sagt, diesen Mantel überhaupt nicht braucht, obwohl der Nordwind durch

Kristiania bläst. Aber es ist ein Zeichen ihres Stolzes und dann vielleicht auch die letzte Möglichkeit, wenn sie ihre erbärmlichste Weste auszieht und verkauft, an diesem Tag nicht Hungers zu sterben. Möglicherweise wird in diesem ganzen klassischen Buch des großen Schriftstellers, der ansonsten mit der Ideologie und Geschichte nicht zurechtkam, nur mit der Produktion seines Textes, im voraus geschildert, was mit der bürgerlichen Klasse in Europa geschehen wird. Daß sich sein Bürgertum in der Bigotterie der Linken auflösen oder die grandiose Bereicherung einzelner betreiben wird. Und jene, die sich stets zwischen diesen Spielarten der Niedertracht befinden, bringen ihre Mäntel und Westen auf den Markt und bieten sie gegen ein Stück täglichen Brotes feil. Für diese allmähliche Abdankung finden sich auch sanftere Beispiele und feinere Episoden. Meine Frau erzählt mir, daß ihre Großmutter, jene, die in Friesach auf dem Mädcheninternat gewesen war, gleich nach 1945 das Bedürfnis verspürte, sich dem Nachkriegsmangel entgegenzustellen, und damit begann, kleine Handarbeiten anzufertigen, Glückwünsche zu Namenstagen und Neujahrsfeiern, und sie ohne Scham am Zeitungskiosk gegenüber zum Verkauf anzubieten. Diese empfindsame Seele, die ansonsten einen Hang zu künstlerischen Erzeugnissen hatte, verstand, daß eine Welt zu Ende gegangen war, jene, in der man noch sorglos Ereignisse im Garten aquarellierte. Der Garten wurde ohnehin teilweise in einen Gemüsegarten umgewandelt, ein Teil des Hauses der Gemeinde als Büro abgetreten. Man mußte mit Hilfe der eigenen Begabung die kleine Wirtschaft einer Familie auf dem Rückzug aufbauen. Meine Großeltern machten in der Zeit nach 1941 noch schlimmere Erfahrungen. Nachdem sie vom neukroatischen Ustascharegime aus ihrem herrschaftlichen slawonischen Haus geworfen worden waren, schafften sie in das von den Deutschen okkupierte Belgrad eine Sammlung wertvoller Dinge, den Rest des provinziellen Reichs meines Großvaters, in aller Eile verpackt und auf zwei Waggons eines Güterzuges geladen; da sie aber in einer engen Wohnung neben der Wohnung meiner Eltern untergebracht waren, wurde dieses ganze Inventar der Vergangenheit in die Holzschuppen im Keller gestopft. Von wo mein Großvater, ehemaliger Besitzer eines Weinbergs, ein feiner Herr, im harten, eisigen und hungrigen Winter 1942 einen Stuhl seines altdeutschen Eßzimmers nach dem anderen heraufholte, sie mit der Axt im Hof zerhackte, damit in diesem Mietshaus etwas Licht und Wärme nach oben dränge.

Bisweilen weiß ich nicht genau, in welche Richtung wir eigentlich reisen, die Wegweiser, an denen wir vorbeikommen, haben eine seltsame Bestimmung, sie sind eher dazu da, die Gefühle der einzelnen Gegenden, durch die wir fahren, auszudrücken, als daß sie dem Reisenden helfen, sich zu orientieren und zurechtzufinden. Schon auf einem guten Teil der Strecke treffen wir meist auf die Aufschrift, daß wir Richtung Belgrad fahren. Das wirkt manchmal völlig unangemessen, verrückt. Was hat es für einen Sinn, eine weit entfernte Stadt anzukündigen – immer in kyrillischen Buchstaben –, die außerdem überhaupt nicht auf dem Weg liegt, es sei denn, man will damit eine heilige Zugehörigkeit zur serbischen Schlüsselmetropole demonstrieren.

So verläuft unsere Reise durch Bosnien, nicht nur durch dieses, das wir in Leid, Armut und Hoffnungslosigkeit antreffen, sondern auch durch jenes, wie es früher war, in der Epoche der Agas und Begs und zur Zeit, als durch diese Schluchten die ersten europäischen Emissäre ritten. Und die Konsuln und Botschafter aus der Zeit von Andrićs Erzählungen.

Wir kommen auch durch das scheußliche Industriegebiet von Zenica, das schon in der Epoche des Sozialismus die Wohnungen der Menschen unmittelbar in den Komplex der Fabriken, Eisenhütten, Gießereien und Industriewässer hineinbaute, von deren dunkler Masse der Regisseur Bato Čengić vor etwa fünfzehn Jahren einen wunderschönen Film über die Liebe zweier in diesem Alptraum von Eisen, Qualm und Nebel miteinander verbundener Menschenseelen gemacht hat. Ich war kaum sieben oder acht Jahre alt, als mich Verwandte kurz vor dem Zweiten Weltkrieg auf einen Ausflug in diese dunkle Stadt mitnahmen. Ganz gleich, wieviel Zeit seit damals vergangen ist, ich kann die Leute nicht vergessen, die, nackt bis zur Taille, mit endlosen, glühenden Drähten hantierten, deren gefährliche Zungen an diesen mageren, verschwitzten, nur durch ein um die Taille gebundenes Stück Leder geschützten Körpern leckten. Dieses Feuerballett, dieser Feuervogel aus Zenica dauert in meinem Bewußtsein auch heute noch fort, wenn ich von der Straße aus nur einen Blick auf diesen Kessel schwerer Arbeit und kargen Lohns werfe. Und dann taucht in meiner Erinnerung noch eine Kolonne mit Personen in grauem Zeug auf, das waren die Sträflinge aus dem bekannten Zuchthaus des Königreichs der Serben, Kroaten und Slowenen. Deren Schuld ich nicht einzuschätzen vermag, auch weiß ich nicht, ob sie erwiesen ist: Sie sind heute ohnehin alle tot, sowohl die Häftlinge als auch diejenigen, die beim Gang durch die Straßen von Zenica die Fesseln in den Händen hielten. Und doch schwebt über diesem trüben Tal jene Szene aus dem Čengićfilm, ganz in der Romantik fieberhafter Arbeit: über Rohre springend kam es angeflattert, das junge Mädchen aus der Gießerei, zu seinem Liebsten, der mit ein paar Freunden auf einem kleinen Schiff arbeitet, dort, auf dem schwarzen See der artifiziellen Natur Zenicas, als befände er sich auf dem Pariser Schiffchen, dem aus Jean Vigots Film »Atalanta«.

Einmal verbrachten Čengić und ich mehrere Tage in den Stollen eines Bergwerks, wir krochen wie die Maulwürfe, und wie der übrige Teil der jugoslawischen Arbeiterbevölkerung kroch, zwischen schweren Schichten bosnischer Kohle durch, und die Stahlträger, die den Elementen allmählich nachgaben, erzeugten dicht an unseren Ohren ein rhythmisches Krachen, als schösse jemand mit Kanonen auf uns. So erhielten wir Einblick in die Wirklichkeit einer Klasse, einer gewissermaßen erfundenen, deren Konsistenz kein Marxismus zu beweisen imstande ist. Weil der Arbeiter, jener Märtyrer der mühevollen täglichen Arbeit, in den meisten Fällen im Sinn hat, mit dieser Arbeit aufzuhören, besonders seine Kinder vor dieser harten Lage zu bewahren. Der Arbeiter würde am liebsten auf irgendeine Art seiner Arbeit und seiner Klasse entfliehen, die erbärmlichste Stelle an einem Büroschreibtisch ergattern, und was im Bergbaumilieu besonders sichtbar ist: ans Tageslicht kommen. In diesen Jahren, um 1960, hatte eine zusätzliche Qual für die Bergarbeiter, der wahnwitzige Wettlauf zur größtmöglichen Steigerung der Arbeitsleistung, bereits aufgehört. Dieses Streben, das aus der Praxis des sowjetischen Helden der Arbeit, Stachanov, hervorgegangen war, hatte auf die Praxis der neuentstandenen kommunistischen Kleinstaaten übergegriffen. So hatten sich unsere bosnischen Bergwerksmaulwürfe bis zur Selbsterschöpfung durch den Bauch dieser dunklen Erde gewühlt, geblieben sind ihnen davon eine Handvoll Orden und kaputte Knochen. Den größten jugoslawischen Helden der Arbeit, Alija Sirotanović, dessen Bild auf Geldscheine gedruckt war, dessen bucklige Gestalt auf Ehrentribünen gezeigt wurde, der auch am Tisch des Marschalls gesehen wurde, diese Person, bescheiden und selbstverleugnerisch, trafen Čengić und ich in jenem schwarzen Loch der Bergwerksgalaxie am Ende seiner Karriere. Geduckt in einer Ecke sitzend, auf einem Berg Kohlen, verbrachte er seine letzten Tage als Arbeiter in irgendeiner Aufseherfunktion, aber in Wirklichkeit hatte man ihn bucklig, müde und alt im Ofenwinkel zurückgelassen, wie auch diese ganze Idee von der Gewalt an der menschlichen Arbeit allmählich bucklig und alt wurde.

Irgendwoher kommt mir eine aktuelle Wühlszene in den Sinn, Menschen, die während der Belagerung von Sarajevo durch die Erde kriechen. Dort, aus der umzingelten Stadt, konnte man unter dem Schutz der internationalen Kräfte eigentlich nur durch einen primitiven Tunnel von ein paar Dutzend Metern Länge herauskommen, durch den man sich beinahe kriechend fortbewegen mußte, auf allen vieren. Denselben Weg zu den mutigen Bürgern Sarajevos, die bereit waren, den ungerechten Krieg um jeden Preis durchzuhalten, denselben Weg durch diesen unterirdischen Gang der Qual und des Stolzes gingen auch einzelne Personen, Leute von Geist und Willen, Schriftsteller, Intellektuelle, Philosophen, junge und alte Personen, einen von ihnen, heute schon tot, schob man auf einem gebastelten Rollstuhl, damit er diesen ausgemergelten Menschen unter den Granaten von Mladićs Banditen von einer möglichen Freiheit erzählte, die sie früher oder später erlangen würden. Das ist ein Einschub, aus der Gegenwart, in unseren damaligen, nur teilweise gedrehten, im vorhinein verbotenen Film aus der Titozeit, der aber zumindest teilweise ein paar Worte zu der dunklen Umgebung des Lebens unter der Erde sagen konnte, von dessen Szenen die übrige Bevölkerung nur bei Unglücksfällen etwas mitbekam. Wenn man also aus einem solchen Stollen herauskommt, führt man Sie in einen Saal, wo Ordentlichkeit demonstriert wird, wie wohlgeordnet die Tageskleidung der Bergleute an einer besonderen Vorrichtung, an speziellen Ketten festgehakt, verwahrt wird. Wir wollten diese Szene in unseren Film aufnehmen, der Zensor kam auf die Idee, Hunderte von Anzügen, die hoch oben an der Decke baumeln, könnten einem wie eine Gruppe Erhängter vorkommen, was wir gesehen haben, war, als hätten wir es nicht gesehen! In ähnlichen Ländern bleibt es deshalb in vielen Fällen bei Gedanken, Entwürfen, Notizen, wie etwa bei Eisenstein. Und dennoch muß man sagen, daß auch unter finsteren und schwierigen Umständen, in den dichten Schichten der Geschichte und zwischen den Ablagerungen der sozialen Nöte eine Zärtlichkeit entstehen kann, wie in jener Szene aus dem Čengićfilm, über den ich gesprochen habe, in der grobe Arbeiterhände jenem zerbrechlichen jungen Mädchen das Modell eines Schiffchens überreichen, ein kleines Zeichen, daß es selbst irgendwann einmal in eine glücklichere Gegend auslaufen wird.

So vergesse auch ich diesen dunklen Zwischenakt in der schönen bosnischen Erde, notwendig, um Schienen, Pfeiler, Traversen zu produzieren, der aber armselig und häßlich ist, und so galoppieren wir weiter und weichen vom rechten Weg ab, um Travnik zu erreichen. Denn in ein solches geschichtsträchtiges Städtchen zu gelangen bedeutet, seitwärts abzubiegen, unsere Wurzeln liegen nicht auf der Hauptstraße, sondern irgendwo abseits, vielleicht tief im

Boden vergraben. Travnik kommt mir vor wie jenes Ei, aus dem das ganze Land geschlüpft ist, eine Frucht, die nicht allein in die von Andrić vollgeschriebenen Blätter eingewikkelt ist. Aber vielleicht auch das. In diesem Papier seiner Literatur steckt der ganze Geist dieses Volkes, eingeschnürt, selbstverleugnerisch, trocken, der gleichzeitig in tausend Regungen, Sehnsüchten, Ambitionen und wunderlichen Ideen erblühen kann.

Ich bin nicht sicher, ob Travnik eine richtige Stadt ist, ein Ort für den Menschen, eher scheinen mir seine zarten Bauwerke, herrschaftlichen Häuser, Märkte, Moscheen, die Festung auf dem Berg, scheint mir all das zu einer Holzschnittarbeit zu gehören, nur etwas vergrößert. Als hätten wir eine prächtige Vorratskammer, einen kostbaren Schrank geöffnet, und darin kämen auf einmal zahlreiche Einzelheiten zum Vorschein, alle mit einem ausgesprochenen Sinn für Harmonie, Eleganz und Vornehmheit gefertigt. Es ist fast unvorstellbar, daß es Menschenhand war, die sich in dieser Enge zwischen zwei Bergen, in diesem Handels- und Handwerksstädtchen ihr stilles Museum errichtet hat, ein wenig in dunklen Tönen, weil sich dort die Sonne rasch hinter die Berglehne flüchtet, so daß augenblicklich alles im Halbdunkel wie in seiner natürlichen Flüssigkeit zurückbleibt. Wie dunkel Andrićs Bücher auch waren, wie viel dichtes Harz man in seiner weisen Literatur auch finden kann, übertrifft dieser düstere Bernstein, in den seine Geburtsstadt eingehüllt ist, doch alles, was sich in seiner Prosa abgelagert hat, es gibt kein solch abgeschlossenes Städtchen, eingewickelt in schwarzes Geschenkpapier, und das wirkt, als wäre es als Gabe für jemanden vorgesehen.

Ich erinnere mich an den Herrn Ivo, den Diplomaten und Schriftsteller, wie er durch die Belgrader Straßen ging, immer auf die gleiche Weise, auf seinem mittäglichen Spaziergang, von seiner Wohnung in der Nähe des Schloßparks durch die Terazije, die Knez-Mihajlo-Straße bis zum Kalemegdan und dort immer bis zur obersten Stufe der großen Treppe, wo auf der linken Seite, wie auch heute, jener Gipslöwe lag, den Blick nach Zemun und nach Westen gerichtet. Auf diesem Gleis seines Spaziergangs, immer demselben, von der Dauer einer Stunde, wurde er nie von näheren oder ferneren Bekannten gestört. Kaum jemand hatte den Wunsch, ihn auf seinem Gang zu einem nur ihm bekannten Stern zu behelligen. Höflich zog er, ohne stehenzubleiben, den Hut, um zu grüßen. Immer allein, nie mit seiner Gefährtin, der das Gehen leider immer größere Schwierigkeiten bereitete. So blieb Frau Milica, eine elegante und gut aussehende Dame, Kostümbildnerin beim Theater, im Schatten, wie die ganze Stadt im Schatten dieses Herrn und seines Schweigens blieb. Immer kam Andrić nur bis zu dieser Stelle, mit dem heronäischen Löwen, ohne je die Stufen hinunterzugehen, statt dessen ging er nach ein, zwei Minuten, in denen er über den Fluß und die verflossene Zeit hingeblickt hatte, wieder zurück. Er war ein bedrückter und in sich gekehrter Mann, wie auch dieses bosnische Land in sich eingeschlossen und zutiefst bedrückt ist. Denn wie europäisiert und geprägt Andrić auch war von dem neuen, modernen Leben draußen in der Welt, seine Herkunft drückte ihn nach wie vor nieder, wie ja auch jeder von uns, der in irgendeiner Gegend im Süden geboren wurde, durch diese Geburt für immer niedergedrückt ist. Weil wir die Bewohner einer niedergeschlagenen und deprimierten Gegend sind, daran wird sich nichts ändern und kann es auch nicht. All dies habe ich jetzt vor Augen, da wir zum ersten Mal im Garten von Andrićs Geburtshaus sitzen, in einem engen Hof, ähnlich einem Pfirsichstein, nur vergrößert.

Denn jedes Ding auf der Welt, jede Erscheinung, jede Gegend, jedes Land, jedes Volk, alles beginnt in einem Kern, einem Keim, in irgendeinem Schoß. Travnik ist möglicherweise der Kern des bosnischen Geistes, wiewohl ein schwarzer Kern, wie aus Blei, aus Kohle, aus einer äußerst geschlossenen, in sich zusammengeballten Substanz, aus der ihre Stärke, ihr Geheimnis, ihr verborgener Sinn beinahe wie Uran herausbricht. Aber eigentlich gibt es keinen Kern, der nicht verborgen, nicht geheimnisvoll wäre, solange er sich nicht zur Frucht entwickelt hat. Wir wissen jetzt, als was für eine Frucht sich das bosnische Wesen gezeigt hat, und das mag eine zusätzliche Herausforderung für die dem Einheitsdenken verhafteten Eroberer gewesen sein, für die gleichgerichteten Gewalttäter mit ihrem Wunsch, alles Andersartige zu vernichten und auszurotten.

Ein paar Jahre vor dem Krieg hörte ich in einem Belgrader Atelier von einem Maler und Avantgardisten, der gerade aus dem Patriarchat, dem Zentralkomitee der serbisch-orthodoxen Kirche gekommen war, daß dort einige Leute sagten, mit Bosnien sei es aus, Bosnien werde komplett und stillschweigend fallen. Ich fragte mich schon damals, was das für ein Land ist, in dem künstlerische Seelen, im Bund mit geistlichen und kirchlichen, es darauf abgesehen haben, den eigenen Staat zu zerstückeln und bei diesem Zerstückeln möglichst viel für ihre Nation an sich zu raffen und das im Stil einer legeren Diskussion ohne Glut und Pathetik. Da ich die Gesellschaft noch im selben Augenblick verlassen habe, ohne meinen Tee auszutrinken, weiß ich nicht, was sich danach unter meinen Künstlerfreunden abspielte, aber jetzt, wo ich an den verbrannten Häusern des

Landes Bosnien vorbeifahre, erinnere ich mich an diesen Abend wie an eine düstere Andeutung und ein blutiges Vorwort. Im übrigen frage ich mich die ganze Zeit, während ich durch mein Land gehe, wo ich da gelebt habe und warum. Das kann sich zu einer bestimmten Zeit jeder fragen, aber ich habe triftige Gründe. Weil man dort Personen finden konnte, sehr feinfühlige, subtile künstlerische Seelen, die an finsteren Taten teilnahmen, ähnlich denen der Borgias und all der Schwarze-Hand-Leute im Laufe der Geschichte. Und ich habe mit ihnen gemütlich über Duchamp geredet und sehr guten Tee, russischen, getrunken. Der Mensch lebt alles in allem unvorsichtig und naiv, in der Meinung, daß zumindest das bißchen Boden, auf dem er steht, seine Festigkeit und eine gewisse Beständigkeit hat, aber es ist nicht so. Denn gerade da, auf diesem kleinen Boden unseres Lebens, unter diesem Stück Land, das meines sein müßte, tut sich ein Abgrund auf, ein unübersehbarer, der sich nicht überwinden läßt. Wenn du durch dein Leben stapfst, Mensch, schau auf den Boden, auf dem du gehst, wie der Dichter Pavlović den Verliebten riet, auf die Erde zu schauen. Dies ist also ein Lamento, ein verspätetes, über die Naivität und die Unvorsichtigkeit, in der unser Leben vergangen ist. Weil wir dachten, niemand könne hinter unserem Rücken etwas Böses gegen uns vorbereiten, doch das geschah in jenen Gegenden unentwegt. Jeder von uns ist in diesem Fall schuldig. Das fühle ich zwischen den Ruinen und zwischen den schwarz gewordenen Skeletten einer Geschichte, bei der ich zu Besuch bin. Deren Geist aus der kleinen und dunklen Schale eines festen Eis hervorgegangen ist, sich zu einer Vielzahl weißer Minarettpfeile und zu feinen Pergamentblättern entwickelt hat, die sich in der angesteckten Bibliothek von Sarajavo in

Asche verwandelt haben, dieser Geist schwebte über den Köpfen der Menschen, der schweigsamen und weisen, bis die Truppen der tobenden Krieger vordrangen, von denen ich einige gekannt und unvorsichtigerweise Tee mit ihnen getrunken habe.

Ich kannte auch andere Leute, Belgrader Schauspieler, Filmregisseure, Popsänger und Dichter, die sich zum Zeitpunkt des Angriffs auf Bosnien freiwillig den unrasierten, schmutzigen und bösen, bis zu den Zähnen bewaffneten Leuten anschlossen, bereit, jede Seele jenes Landes, die nicht serbischer Abstammung war, zu vernichten. Was hat diese empfindsamen, bisweilen ganz zahmen Personen, sonst in der Sprachwissenschaft oder der Kunstgeschichte zu Hause, diese talentierten, geistreichen Frauen und Männer dazu getrieben, mit ihrem Wissen eine Gewalt zu unterstützen, eine ungerechte und unsinnige? Wieder frage ich mich, ob ich etwas von den kommenden Verhältnissen hätte ahnen können, während ich mit diesen Leuten manchmal am selben Tisch gesessen, zeitweise mit ihnen gearbeitet und zusammengearbeitet habe. Eine meiner Lieblingsschauspielerinnen ging direkt vom besten Avantgardetheater Belgrads an eine schäbige Waldbühne, um diese offenen Mörder aus der Krajina zu unterhalten. Ein sympathischer Dichter, ein etwas nervöser, aber lieber Mensch, befand sich auf einmal im Lager der Strubbelköpfe, die davon träumten, ein ganzes Volk, das muslimische, vollständig zu vernichten. Heute, zehn Jahre nach dem Waffenstillstand, einem schäbigen und, meine ich, unklaren, ist alles nur verbrannte Erde und Rauch, viele Leute sind danach eines gewöhnlichen Todes gestorben, aber einer der Anführer dieser Invasion, Professor für Anglistik und Shakespeare-Übersetzer, erschoß sich mit dem Revolver. Weil er verstanden hatte, zumindest am Ende, daß es sich um ein Shakespearesches Drama und einen Stoff à la Macbeth handelt.

Was macht das Wesen der Menschenseele heute aus, hier, in Bosnien?

Ich rekapituliere: Welche Erfahrungen habe ich im Laufe meines Lebens mit dem Islam gemacht, nicht nur als Glauben, sondern als besondere Mentalität der Menschen, zu denen ich schon seit meiner Kindheit immer wieder Kontakt hatte. Wenn die Zeitungen überschwemmt sind von Meldungen über grausame Taten dieser Population, immer häufiger selbstzerstörerische und selbstmörderische, frage ich mich, wie ich in den vergangenen Jahrzehnten diese Leute gesehen habe, die manchmal zugeknöpft, oft weise, aber meist zahm waren, von jener Melancholie, die sich nur in ihrer Dichtung offenbart. Es gab viele arme Individuen unter ihnen, sie sägten das Holz in unseren Belgrader Kellern, manchmal waren es Austräger, mitunter reisende Verkäufer von Kramwaren, hin und wieder tauchte ein Mädchen in Pluderhosen auf, das in Lokalen sang, aber meistens hing im Auge einer jeden solchen Person eine Träne, einer Linse gleich, in der sich ihr ganzes Schicksal bricht, ihre gesamte aus den Schichten verschiedener Kulturen, Gebräuche und Gewohnheiten zusammengesetzte Geschichte. Ich kannte schließlich mehrere Dichter unter ihnen und auch einen Philosophen und einen, der Firdusi übersetzte. Ein robuster Verwandter von mir, Partisanenheld im Befreiungskrieg, verspottete seine muslimischen Kampfgefährten ein wenig als weiche, nicht an die Grausamkeiten des Krieges gewohnte Soldaten. Das sind Beobachtungen, die unserem heutigen Verständnis von den Mudschaheddin-Fanatikern, die in der Welt zerstören, morden und sengen, ziemlich entgegengesetzt sind. Weil es solche Zerstörer, Senger und Mörder in allen Völkern und im Rahmen aller Religionen gibt, und außerdem gibt es sie auch unter meinen Gleichgesinnten, den Atheisten.

All diese Fragen stelle ich mir, während wir nach Sarajevo hineinfahren, in die im vergangenen Krieg gepeinigte Stadt, die aber wiederum ein sehr lebendiger, vielleicht allzu lebendiger Ort ist. Als ob Sie einen übertrieben lauten, euphorischen Menschen treffen, wohinter immer große Qual und Gram stehen. Denn der Gram ist die Grundlage dieses Landes, seine Niedergetretenheit von den vielen Soldatenstiefeln und dann auch von jenem im eigenen Herzen erzeugten Gram, weil man nicht weiß, wohin wir sollen, auch nicht wie. Die Menschen um uns herum reden also laut, zu laut, ihre Zurufe hallen durch die engen Gassen und das Pflaster des Jahrhunderts hinunter, aber eigentlich müßte das, was ihnen das Herz schwermacht, eher durch Sitzen irgendwo in einer Ecke und durch großes Schweigen geäußert werden. Es gibt jenes archaische Bild von den alten Männern in Bosnien, jenes mehrstündige Sitzen irgendwo an einem Wasser, im Schatten der Zeit und bei einem Gläschen weichem Schnaps, den sie trinken, indem sie kurz daran nippen, ebenfalls stundenlang. Jetzt wird dort geschrien und aus voller Kehle gelärmt, alles gärt von diesem Karneval der Reden, und wenn du in dieser Kakophonie ein Wort verstehen willst, kommt das meiste undeutlich und unverständlich heraus.

Deshalb ist auch der heutige Mensch dort, in Sarajevo, nicht in der Lage, Ihnen zu erklären, wo sich welche Straße befindet und in welcher Gegend sie ist. Vielmehr reduziert sich die Antwort auf indirekte Beschreibungen, die niemandem weiterhelfen, trotz der wilden Gestikulation und der zahlreichen kehligen Ausrufe. Denn diese Leute wissen selbst nicht, wo sie sind, und wie sollen sie dann einem Fremden und Reisenden erklären, wohin dieser zu gehen hat. In dieser wunderlichen und eigentlich häßlich schönen Stadt kann man nirgendwohin, niemand findet irgendeine besondere Richtung, jeder ist zufrieden, daß er dort ist, wo er ist, außerdem ist die Stadt eigentlich klein, zwischen die Berge gezwängt, von dort, wo sie sich vorgefunden hat, gibt es keinen Ausgang. Das wußten die serbischen Artilleristen und Eroberer sehr gut, daß Sarajevo nirgendwohin ausweichen und man es unter Beschuß nehmen kann, gemächlich, wohlüberlegt, ohne Unterlaß. Denn eine Stadt in einer Ebene ist imstande, irgendwohin zu flüchten, sich in die Breite auszudehnen, wenn nichts sonst, gelingt es wenigstens den Menschen dieser Stadt, einen kleinen Weg zu finden, aber wo sollte Sarajevo aus diesem Kessel, in dem es vor langer Zeit als Nachtlager, als Institution der Geborgenheit, als Serail untergebracht wurde, hin? Seit Jahren höre ich immer wieder, wie glückliche Individuen, die während der mehrjährigen Belagerung die Freiheit erlangten, sagen, es sei ein schrecklicher Ort, aus dem sie herausgekommen seien. Als handelte es sich um einen Höllenkessel und um den Brunnen, in den der biblische Joseph von seinen gefühllosen Brüdern geworfen wurde. Weil auch die Bürger von Sarajevo von ihren Brüdern in diesen Sarajevoer Brunnen geworfen wurden und nicht von einem Unbekannten und von einem Fremden. Jetzt bin auch ich dort, auf dem Grund dieses Brunnens, in dem es zum Glück wieder das klare Wasser der Freundschaft und wenigstens des momentanen Friedens gibt.

In diesen Tagen versammelt das französische Kulturzentrum »Malraux« Schriftsteller aus verschiedenen Ländern, damit sie über dieses Sarajevo und über alles andere in unserer Heimat, zehn Jahre nach dem Krieg, diskutieren. Malraux war jener französische Schriftsteller, der sich in China aufhielt und im Spanischen Bürgerkrieg, in der republikanischen Armada. Aber eigentlich schaute er sich in der Welt, wie wir wissen, sein ganzes Leben lang am liebsten Gemälde und Statuen an, und dann säuberte er als Minister von de Gaulle mit starken Spritzen die klassizistischen Fassaden von Paris. Er war also überall, und nun ist er posthum, dadurch daß er einer Institution seinen Namen gegeben hat, auch dort, in Sarajevo. Wo wir mit Semprún, mit Ivan Nagel, mit Dichtern aus Rußland, Amerika und Kroatien, mit meinen über ganz Europa verstreuten serbischen Kollegen zusammensitzen, damit jeder seine Meinung sagt, obwohl unser ganzes gemeinsames Selbstgespräch in der Bewertung dessen, was gewesen ist und wie es gewesen ist, großenteils unisono verläuft. Wunderbarerweise sind keine Verfechter der nationalen Trance unter uns, auch keiner von diesen europäischen Herren, die die Serben und ihren Führer für Opfer einer internationalen Verschwörung halten, auch keiner von denen, die den verstorbenen kroatischen Diktator als Begründer der gesamten Rasse kroatischer Menschen sehen. Es ist nichts Besonderes dabei, daß sich an einzelnen Orten Menschen versammeln, die die Gewalt und das Böse verurteilen, auch nicht, daß bei diesen Diskussionen nichts herauskommen kann. Denn das Böse ist ein Mysterium, wie der Dichter Dragojević sagt, das Böse ist nichts Greifbares, das man besonnen und vernünftig erörtern könnte, das Böse ist ein metaphysischer Stoff, virtuelle Krebszellen, in jedem von uns ausgestreut. Deshalb geht dieser Dichter nicht auf solche Versammlungen, er glaubt nicht an ihren Zweck. Und wenn mich jemand fragen würde, warum ich dorthin gehe, würde ich sagen, daß ich es nicht weiß. Außer daß ich gerne einmal wieder ein bekanntes Gesicht aus der Vergangenheit sehe, wie sehr sich unsere äußere Erscheinung auch verändert haben mag.

An einem Abend geschieht etwas Besonderes, eine Zusammenkunft findet statt von Dichtern in einem Garten, als wären wir in einen alten Chan gekommen, von vor mehreren Jahrhunderten. Denn ringsum sind hohe Mauern, im Garten, wo das Wasser rauscht, brennen Fackeln und Kerzen, und in den Ecken dieses rechteckigen Saales unter freiem Himmel, eigentlich direkt unter den Sternen, lesen mehrere Schriftsteller aus verschiedenen Gegenden der Welt ihre Sachen, fast im Chor. Weil der transrationale Regisseur Haris Pašović die Idee zu dieser Kakophonie des mündlichen Wortes, in vielen Sprachen, hatte: wenn das schon alles völlig verschiedene und nicht miteinander verknüpfbare Sprachen sind, dann kann sich die ganze Veranstaltung simultan abspielen, wer was hört, hat es gehört. So versammeln sich um jeden Redner ein paar Interessierte, was die Verhältnisse, unter denen die Literatur heute lebt, treffend widerspiegelt, sie hat nicht übertrieben viel Publikum, sondern nur die, die sich selbst zum Publikum erwählt haben und zu Vertretern einer nicht existierenden Population von Lesern, die vom Erdboden verschwunden sind. Man hört das weiche russische Wort der Svetlana Aleksijevič, das heisere Deutsch Ivan Nagels, es gibt auch etwas von unserer Sprache in mehreren Varianten. All das kreiert ein dadaistisches Konzert aus der Zeit des Züricher Cabarets von vor neunzig Jahren. Vielleicht kann man auf diese Weise ein allgemeines Buch erschaffen, einen Gesamttext der Welt, im ersten Moment unverständlich, weil er sich wie mehrstimmig anhört, erst allmählich klingt jemandes eigentümlicher Ton heraus und Arie für Arie unseres europäischen Schreibens, wie in einer Oper von Luigi Nono.

Es gibt keinen genauen Bericht von einem solchen Konzert, weil sich erst im nachhinein sein mehrschichtiger, ungewöhnlicher Sinn zeigt. Außerdem taucht an solchen Orten immer auch eine Person auf, von der ich seit Jahren höre, und dann, plötzlich, ist sie da, als wäre sie aus der Vitrine der Geschichte gestiegen.

In einem Haus auf dem Berg, wo der französische Botschafter residiert, trinkt man Schaumwein aus seinem Land, drängen sich irgendwelche literarischen oder halbliterarischen Gäste, und der mit der stärksten Stimme, grauen Haaren und einer großen Nase, um den herum die meisten Leute stehen, ist der General der bosnischen Armee, ihr oberster Kommandant, Jovo Divjak. Wie es dazu kam, daß ein ehemaliger Offizier der jugoslawischen Armada, seiner Nationalität nach Serbe, die schwachen, unbewaffneten Bosnier bei der Hand nahm und aus ihnen einen leidlichen Schutzschild gegen den Ansturm machte, ist wohl eine Sache des glücklichen Zufalls, aber vielleicht auch nicht. Weil in jedem von Titos Offizieren ein ähnlicher Gedanke hätte geboren werden können, sich auf die Seite des Schwächeren und Angegriffenen zu stellen, nur wurde das selten Wirklichkeit. Jovo Divjak jedoch hat als ein Subjekt mit Mut, individueller Vernunft und Ehre gehandelt. Als Kommandant war ihm wechselndes Glück beschieden, nicht immer ging alles glatt, es gab unter den bosniakischen Kämpfern einzelne, die murrten, weil ein Serbe sie in die Schlacht führte, wenn auch gegen die Angehörigen seines eigenen Volkes. Eigentlich kenne ich gar nicht alle Punkte von Divjaks Kommandantenkarriere, es reicht mir, mich an diesem Abend mit ihm zu unterhalten, nicht nur über die Kriegstage, sondern auch über Bücher, über gemeinsame Bekannte, wobei ich langsam begreife, daß er und ich uns schon seit eh und je kennen, als kämen wir aus derselben Klasse des Gymnasiums und aus demselben Hof der Kindheit.

Die Bedeutung dieser Stadt verleitet mich ständig zu dem Gedanken, daß Sarajevo ein Durchgangspunkt sein müßte, ein Ort dazwischen – zwischen wem? Zwischen Ost und West natürlich, aber auch zwischen so vielen verschiedenen Dingen auf der Welt, jenes Maß, das diese bosnischen Menschen im Laufe der Zeit wie eine Art Waage in sich auszubilden vermochten. Vielleicht bezog sich der Zorn seiner Feinde vor einem Jahrzehnt auch auf diese Ausgewogenheit, die der Vornehmheit sehr nahekommt, jene angenehme Art, konziliant miteinander umzugehen, mit einem Wort, auf das konsularische Ambiente. Denn Gewalttäter können die Mitte, die Ausgewogenheit, die manchmal unbestimmten Gedanken nicht ertragen, Leute abrupter Entscheidungen und zügelloser Absichten macht so etwas nervös. Die Existenz Sarajevos, dieses Chans für jeden Gedanken, der dort übernachten und weiterreisen muß, eines Ortes, in dem man momentanen Frieden und stilles Gleichgewicht finden konnte, all das mußte die schmutzigen Kanoniere von den umliegenden Bergen ärgern und reizen. Ich begreife, nebenbei, daß auch wir beide, meine Frau und ich, uns auf halbem Wege, auf jenem Scheitelpunkt zwischen unserem kroatischen Geburtsland und meiner ehemaligen, langjährigen Belgrader Umgebung befinden. Und auch wir müssen in dieser Karawanserei unseres Lebens ein paar Tage und Nächte verbringen, als müßten wir hier, an diesen Ursprüngen des »Dazwischen«, die

Pferde für unsere Kutsche wechseln. Weil man auf die eine Art, fast im Trab, hierherkommen konnte, von hier weg aber geht es – nicht nur wegen der gewundenen Bergpfade – irgendwie ganz anders. Aber solange es noch nicht geschieht, solange wir nicht aufs neue all unsere Kräfte für die Weiterreise gesammelt haben, sind wir in einem lieblichen Winkel der Baščaršija untergebracht, in einer Art Miniaturhotel mit Namen Halvat. Das schon in seiner Etymologie die Annehmlichkeit der paar Zimmer zum Ausdruck bringt und jenes Gemeinschaftsraums im Erdgeschoß, voller bunter Kissen, herumliegender Zeitungen, einer Menge Speisen fürs Frühstück und mit einem Dalmatiner, der sich in der Ecke ausstreckt. Halvat heißt eigentlich so etwas wie Salon, ein Zimmer, das Sie als Gast aufnehmen und Ihnen eine Atempause verschaffen soll. Denn wir beide sind nicht nur auf einer Reise, die uns durch die ehemalige Heimat führt, sondern auch in ein neues Leben, das uns noch bevorsteht, manchmal denke ich, es sei eine Hochzeitsreise. Ein paar herzensgute Menschen haben uns am richtigen Ort untergebracht, in einer Ecke dieses Kontinents, in der bis vor kurzem Granaten explodierten, und doch kann man dort zwischen den Kissen wie auf dem Diwan eines Sultans sitzen und neben einem Hund, an dem selbst ein Sultan nichts auszusetzen hätte.

Langsam verstehe ich jetzt diese Angewohnheit der dortigen Menschen, niemals direkt auf eine Frage zu antworten. Das ist ein Volk, das nicht gerne antwortet, wie es in der Schule praktiziert wird, immer werden sie mir statt einer unmittelbaren Erklärung einen wer weiß wie hergeleiteten Umweg präsentieren, eine Summe von Digressionen, bei denen ich mir selbst zusammenreimen muß, was ich als Antwort auf das gestellte Rätsel meiner Frage nutzen kann.

Und dennoch blüht in dieser scheinbar verwirrten Stadt, wo die Leute meist weder wissen was noch wohin, weiterhin ein Geist, der von früher bekannte, eine Parallelaktion der modernsten Strömungen, in der Kunst, im Film, in der Poesie, unmittelbar neben der mythischen Festigkeit dieser Leute, fast einer gewissen Härte.

Und neben diesen alten Barden des bosnischen Lebens, die den ganzen Tag zu zweit oder dritt dasitzen können, nur mit ein paar äußerst trockenen Worten, parallel zu diesem Bild von einem fast erstarrten Dasein, das eine ewige Dauer andeutet, entstanden während der letzten Jahrzehnte explosionsartig starke Gruppen verschiedenster Künstler, von der Estrade und aus der Kinematographie, Maler und Konstruktivisten mit einer völlig neuen Sicht auf die Welt, eine zwischen diese Berge, in diese Schluchten des Alten und Traditionellen geholten Welt. Sarajevo war, mit einem Wort, der Schauplatz einer neuen Art von Menschen, modernen, offenen und geistreichen, und er war es in den schwersten Zeiten, während die Geschosse und Granaten auf die Dächer und Köpfe fielen.

So finden gerade in diesen paar Tagen unseres Aufenthalts überall in der Stadt die verschiedensten Ereignisse statt, vor allem im Bereich der konzeptionellen Kunst. Ein Künstler organisierte eine Art Türbe, das ist jenes kleine Bauwerk, manchmal achteckig, in dem der Körper irgendeiner wichtigen Persönlichkeit liegt, eine Kapelle, würden die Orthodoxen sagen, mit ganz reduzierter Ornamentik, ein Ort des Gedenkens und Nachdenkens. Damir Nikšić stellte sich selbst in einen solchen Raum, seine Produktion, die auf einem Bildschirm vorgeführt wird, thematisiert das Schicksal eines Mohammedaners unter jenen, die das nicht sind. Dieser Dichter fragt sich, was er alles vermocht und erreicht hätte, wäre er nicht durch einen biologischen Zufall Mohammedaner geworden. Das ist ein beinahe unbegreiflicher Versuch: In einer Stadt, wo sich Tausende von Gläubigen in den Moscheen versammeln, zum Gottesdienst, der mehrere Stunden dauert, fühlt sich dieser Mann als Ausgestoßener, durch seine Herkunft vereinzelt. Weil er meint, der Islam rufe in diesem Augenblick gehässige und unangenehme Regungen hervor, als hielte jedes Subjekt aus dem Orient eine gezündete Bombe und einen Molotowcocktail in der Hand. Er erzählt daher, was er allein aufgrund seiner Herkunft alles auf seinen Schultern zu tragen hat, aber so, daß er mir und Ihnen und jedem Ungläubigen oder Andersgläubigen klarmacht, daß wir alle zu einer Minderheit gehören, was wir auch immer sind und wo wir uns auch immer befinden. Weil der Mensch als solcher ein Minderheitenphänomen ist, er ist für den Rest der Welt immer ein anderer und anders, und deshalb muß er über sein Ausgestoßensein und seine dauerhafte kosmische Einsamkeit nachdenken. Die Verbrecher, die mit ihren artilleristischen Geräten auf Sarajevo eingeschlagen haben, meinten, ihre Opfer seien minderwertige Personen, unwürdig zu leben. Als schlügen sie auf Bergvieh ein und auf minderwertige Individuen, unansehnlich, weit von einer menschlichen Gestalt entfernt. Gleichzeitig ihrerseits häßlich, schmutzig, böse, schmierig und betrunken von ihren wahnsinnigen Ideen. Aus diesem Widerspruch, daß die Schmutzigen und Böswilligen auf Menschen einschlagen, die in jeder Hinsicht mehr wert sind als sie selbst, ging das Poster von Šejla Kamerić »Bosnisches Mädchen« hervor. Ein Porträt von einer wunderschönen jungen Frau mit einer Protestaufschrift gegen die Ungerechtigkeit, in der sie sich fragt, ob sie denn keine Zähne habe, ob sie einen Schnurrbart habe, ob sie stinke.

Es scheint, daß Milieus ohne große Hoffnung, Umgebungen, in denen nicht unbedingt Rosen wachsen, sondern die nur von Unklarheit durchdrungen sind, daß gerade dort diese Erfindung der neueren Zeit unumgänglich ist, die Kunst des Konzepts, der Idee, des Planens anstelle fertiger Erzeugnisse, eines geistigen Engineerings, das den europäischen Geist im übrigen seit Jahrhunderten erfüllt. Schon Leonardo war neben seinen ingeniösen Gemälden geradezu ein Ritter des Konzepts, der Idee, des Entworfenen anstelle des Realisierten. Wir stehen vor einem typisch bosnischen Haus, mit einem vierflächigen Dach, das ein Mädchen umhüllt, umkleidet und völlig bedeckt, so wie das Christo mit riesigen Objekten in der ganzen Welt macht. Nur daß der bulgarische Konzeptualist die große Welt in Leinen und in Seide kleidet und dieses Mädchen sein bescheidenes Sarajevoer Häuschen in Leder, von roter Farbe. Sie überlegt wahrscheinlich, ob das zerfetzte Inkarnat Sarajevos, seine abgezogene Oberhaut nicht wieder einen natürlichen Schutz bekommen soll, weil auch die Menschen, die dort leben, verwirrt und unsicher sind, als hätten sie keine Haut auf dem Leib, und dann braucht das auch diese in diesem Häuschen inkarnierte Stadt. Und daß gerade dieser dunkelrote Ton ihres Patchworks ausgesucht wurde, ist eine Erinnerung an den Körper einer Stadt, einer im vergangenen Krieg schwer mit Blut besudelten. Um diese Konstruktion schwirren einige junge Leute herum, ernst und in ihre Arbeit vertieft, als errichteten sie eine Brücke, worin ich die Stärke ihrer Absicht sehe, aufs neue und noch einmal zur eigenen Haut zu kommen.

Es gibt viele Ideen in den Köpfen dieser jungen Menschen in Sarajevo. In dieser Stadt mit gebrochener Wirbelsäule und Rippen, in diesem Tal des bis vor kurzem herrschenden Grauens wachsen auf eine nie gesehene Art Ideen, im Bereich der Malerei, der Skulptur, der Kunst. Denn auch in der Zeit der schweren Belagerung gab es hier Menschen, die, durchgefroren und hungrig, aufzeichneten, was mit ihnen geschah, auf einem Stückchen Papier oder dem letzten Streifen in der Kamera. Čengić nahm so von Tag zu Tag auf, was sich auf der Straße abspielte, obwohl Umkommen das Hauptereignis dort war. So schlüpfte auch er, alles riskierend, zwischen den surrealen Barrikaden durch, verhandelte mit den Verteidigern, ihn in ungeschütztes Gebiet zu lassen, um jemandem, wer weiß wem, ein Andenken an diese Tage zu hinterlassen. Ein Dichter saß indes nur friedlich in seinem kalten Heim, als eine Granate an seinem Ohr vorbei in seine Bibliothek einschlug und die Bücher auseinandersprengte. Mit solchen Büchern versuchte ein anderer Schriftsteller seine durchgefrorene Familie zu wärmen, wobei er vor der Wahl stand, welchen der wertvollen Bände er als letzten opfern würde. Heute, wo er mir in einem Lokal davon erzählt, wirkt er wie ein Verrückter, Irrsinniger. Denn es kommt ihm vor, als hätte er jemanden aus seinem engsten Familienkreis in jenes Feuer gestoßen, nur um dadurch die anderen vor der polaren Nacht, die herrschte, zu retten. Eine junge Frau, früher Schauspielerin, dann Regisseurin am Theater, wird in jener Zeit zum Symbol des Widerstands. Weil sie Publikationen herausgibt, Bücher druckt, Karten von der umzingelten Stadt veröffentlicht, auf denen sie genau einzeichnet, von welchem Punkt aus die bärtigen Verbrecher versuchen, sie alle im Tal zu töten. Sie macht all das in einem rasenden Zorn und Trotz und versucht zu beweisen, daß Mädchen in Hunger und Kälte weiterhin schön, ordentlich, in gewisser Weise sogar elegant bleiben. Suada Kapić versuchte trotz allem, das glamouröse

Aussehen dieser unterdrückten Frauen aufrechtzuerhalten, indem sie sie in einer Zeitschrift vorstellte, in einer westlich aufgemachten »Modezeitschrift«, einer neuen Version, einem Pastiche von LIFE. So wehrten sich diese Menschen mit ihrer eigenen Schönheit, der körperlichen und geistigen, gegen die Grausamkeit. Denn sie waren nicht schnurrbärtig und zahnlos, und sie stanken auch nicht, wie man das von ihnen erwartete. Indem sie den gleichgültigen Menschen in der Welt zeigten, was die menschliche Seele, auch die bedrohteste, ausrichten kann. Wonach der Mensch absolut in der Lage ist, seine eigenen Reserven auszugraben, Reserven an Energie, Mut und Durchhaltevermögen. Was Suada in diesen Jahren produziert, gehört zu den seltsamsten Großtaten, artistischen, moralischen und allen die Würde der Spezies Mensch betreffenden. Und weckt den Gedanken an eine surreale Welt, die aus einer fast gebrochenen Rose inmitten eines Minenfelds erstehen kann.

In der Zeit der Dekonstruktion stellen die Sarajevoer Geister heute wieder her, was ihnen seit jeher eigen war, ein Gefühl der Verwunderung, des Jenseitigen und Ungewöhnlichen, das weder die Kanonen von den umliegenden Bergen noch die Not und das Elend, das diese Kanonaden hinterließen, zerstören konnten. So werden Leute aus verschiedenen Teilen Europas für ein Denkmalprojekt rekrutiert: zu jenen, die vernichtet, verwüstet, geschändet wurden, kommen Denkmäler, die den neuen Führern errichtet wurden, schließlich das, was von vielen Monumenten übriggeblieben ist, die Postamente. So daß in dieser Stadt hier und da ramponierte Säulen mit einzelnen Namen emporragen, manchmal hat man auch diesen sorgfältig beseitigt, einstmals nur Basen früheren Ruhmes, Zeichen von jemandes Existenz, schweigen sie in dieser Nachkriegsstille wie

Grabsteine auf einem neuen Friedhof, einem muslimischen oder nicht.

Diesem fügt Braco Dimitrijević seine bittere, ironische Botschaft hinzu, ein Künstler, der schon seit etlichen Jahrzehnten so etwas wie Denkmalpastiches produziert, indem er unbekannten und zufälligen Passanten auf der Straße Gedenktafeln und -büsten errichtet und damit die Hinfälligkeit von Popularität und öffentlicher Existenz beweist: mit der Zeit verwandelt sich jeder Name vom Postament eines Denkmals in eine Hieroglyphe, unlesbar für ein künftiges Auge, so vergeht der Ruhm der Welt.

Diese Stadt zurückzulassen bedeutet, den Schauplatz eines allmählich wachsenden Bewußtseins, voller Selbstverleugnung und Skepsis, zu verlassen, die Projekte der Dekonstruktion von Denkmälern haben dieses Gefühl auf den verwundeten Straßen und Plätzen ausgesät, zum Gedenken an das, was geschehen ist, ohne großen Pomp und Klagen. Dieses Volk wird leben. Ein populärer Erzähler, Branko Ćopić, hatte sich diesen Slogan vor einem halben Jahrhundert ausgedacht. Obwohl er dann selbst, in einem finsteren Augenblick, von der Belgrader Savebrücke in den Abgrund sprang, ins Nichts.

Aber worin bleiben diejenigen, die heute noch leben, zurück? Eine Freundin, Journalistin in Berlin, wollte unlängst etwas für eine Familie tun, die ihr Haus, ihre Verwandtschaft, ihre bosnische Heimat verloren hatte. So brachte sie diese verbitterten Bewohner von Srebrenica an einem paradiesischen Ort in Brandenburg unter, damit sie sich dort, im Grünen, am Wasser und unter einem absolut friedlichen Himmel ein paar Wochen erholten. Nach ein paar Tagen verließen diese verwirrten und unglücklichen Menschen ihr Eden, in dessen Frieden, Behaglichkeit, Ungestörtheit und Stille sie es nicht aushielten. Mir sagt diese Freundin, sie sei dahintergekommen, was sie bei diesen Menschen falsch gemacht habe. Sie hatte ihnen, als sie sie dort unterbrachte, gesagt, sie sollten ihren Aufenthalt genießen. Doch das, dieses liebenswürdige und schöne Wort, rief in ihren Herzen eine ungeahnte Unruhe und Leid hervor, wie hätten sie nach allem, was sich abgespielt hat, etwas genießen dürfen! Ich denke, dies ist das Ende der Erzählung über den bosnischen Menschen heute und über seine betrübte Seele.

3

Wieder steht uns eine neue Etappe dieser Reise bevor, als nähmen wir an dem einstigen Rennen teil, dem Radrennen durch Jugoslawien. Ich war acht oder neun Jahre alt, das ganze Königreich Jugoslawien verfolgte die Kolonne der Wettkämpfer, die mit ihren Rädern die verschiedenen Gebiete verbanden, an der Spitze des Rennens fuhr der Slowene Janez Peternel. Heute ist dieses Land auseinandergebrochen, durch die vielen Sonderinteressen zerstückelt, unsere kleine Kolonne, Familienkolonne, hat nichts, was sie verbinden könnte, wir wälzen uns nur von Ort zu Ort, von Stadt zu Stadt, außerhalb irgendeines Wettrennens, niemand erwartet uns am Ziel. Denn man reist nicht, wie man vor langer Zeit sagte, um irgendwo anzukommen, sondern um zu reisen. So wollen wir in einer Werkstatt der Bewegung sein, den Mathematismus dieser Ortsveränderung fühlen, die Geometrie der Spuren, die wir hinterlassen. Der Weg führt also nach Serbien.

Dieser Teil der Autobahn ist nicht gerade ideal, die Unebenheiten sind ausgeprägter als im kroatischen Teil, der Maienabend senkt sich herab, was keinerlei Anspielung sein soll, ein in Sarajevo begonnener Tag geht zu Ende, das ist alles. Ich weiß nicht, warum es in Serbien keine Bewässerungsanlagen gibt, die das Wachstum der dortigen Pflanzen fördern könnten, warum die Felder dort etwas unordentlicher bearbeitet sind, als schwinde, je weiter wir nach Osten kommen, die Systematik der slawonischen Bauern, langsam gewöhnen wir uns an eine Mentalität, die ich seit langem kenne, an eine legere, leicht träge, sorglose Praxis.

An der Grenze – sie ist mitten auf der Straße aufgestellt, als handelte es sich nicht um einen ernsthaften zwischenstaatlichen Punkt, sondern um ein Gesellschaftsspiel – steht eine dickliche Polizistin des Staates Serbien, sie klagt über die Mücken. Als gäbe es Mücken nicht auch anderswo, als wäre das eine besondere Plage, die dieses Land, besonders seinen Grenzpunkt in der Nähe des Flusses Bosut heimgesucht hat, etwas wie eine Verschwörung gegen ihr Land, ihr Insektenland.

Der Tag war heiter, und wenn man das Auge angestrengt hätte, hätten wir Richtung Süden das bläuliche Cergebirge erblickt, einen der Dreh- und Angelpunkte der neueren serbischen Geschichte. Dort schlug im Herbst 1914 ein dicklicher serbischer General, durch und durch bäuerlicher Herkunft, aber von Kutusowscher Genialität, den ersten Angriff der österreichisch-ungarischen Okkupatoren zurück. Der Heerführer hieß Stepa Stepanović, trug eine sehr einfache Offiziersmütze; hätte sie nicht jenen schmalen Schild gehabt, hätte sie sich kaum von einer gewöhnlichen serbischen Soldatenmütze unterschieden. So kamen wir an diesem Punkt der Geschichte vorbei, der nicht einfach eine Eintragung auf der Karte ist, Cer markiert heute die vielleicht letzte Seite einer blutigen hundertjährigen Chronik: Dort, in einem nahegelegenen Kloster, soll sich der größte Verbrecher des letzten Balkankriegs, Mladić, versteckt halten. Der ebenfalls eine schmale Mütze trug, ähnlich der von Stepa, als gestohlenes Symbol. Dieser General auf der Flucht ist heute für den gewöhnlichen Serben ein Held, ähnlich wie der Sieger der Schlacht von Cer, obwohl er achttausend sinnlos in Srebrenica ermordete Muslime auf dem Gewissen hat. So bewegen wir uns noch einmal auf dem lockeren Boden eines wichtigen Raums, das sanfte Tal von Mačva, das ganze Cergebiet ist ein Papier, das ausreicht, um darauf den schwierigen Text dieser von ununterbrochenem Morden durchzogenen Chronik zu schreiben. Zuerst schoß der neurotische serbische Patriot Gavrilo Princip auf der Straße in Sarajevo auf eine schwangere Dame. Dann griff die gewaltige österreichisch-ungarische Macht das winzige Königreich Serbien an, als wäre sie in Patagonien eingedrungen; elftausend ermordete Zivilisten waren die ebenfalls neurotische Antwort auf den Tod ihres Erzherzogs und den Mord an seiner Frau in Sarajevo. Achtzig Jahre später schießt der apoplektische General Mladić, den Bauch mit Lammbraten vom Spieß vollgeschlagen und mit ziemlich viel Alkohol im Blut, der selbsternannte Verteidiger des Serbentums, auf das umzingelte Sarajevo, dann ermordet er jene Menschen in Srebrenica, ähnlich wie der deutsche Okkupant, der im Jahre 1941 in Kragujevac ein Massaker verübte. Das Verbrechen kommt ans Licht, es gibt auch Filme über diese Episode, der Heerführer, der wie jeder Metzger gern kurze Ärmel trägt, verteilt zuerst Schokolade an minderjährige Jungen, dann macht er sie alle in den nahegelegenen Gräben nieder. Jetzt, während ich dies notiere, versteckt er sich unter den Röcken der Nonnen in jenem Kirchlein am Cergebirge oder irgendwo in der Nähe, die Geschichte endet, wo sie begann. Ist eine schwarze Kutte, die einer Nonne, imstande, ein Firmament zu bilden, einen dunklen Himmelsbogen, unter dem der hartgesottene Verbrecher wie ein Feigling kauert? Aber das Land, in das wir kommen, ist ganz unter diesem Gewölbe, diesem verfinsterten, nicht nur, weil es unverhofft gottesfürchtig, rechtgläubig, bigott geworden ist. Ich kenne diese Menschen seit vielen Jahrzehnten und meine, man kann ihre Religiosität kaum mit jener der katholischen

Kroaten vergleichen. Die Serben sind ein ungezügeltes, robustes, begabtes, aber gefährliches Volk. Ihr größter Herrscher, ein mittelalterlicher Gewalttäter von Zar, Dušan der Mächtige, verfaßte eines der grausamsten Gesetzbücher; was heute als Zeugnis früher Schriftlichkeit bei den Serben gilt, zeigt, für welches kleine Vergehen man den Menschen den Arm bis zum Ellbogen abgehackt oder ein Auge ausgestochen hat. Es ist dasselbe Volk, über das ein barocker Reiseschriftsteller sagt, man solle dort nicht ohne große Not übernachten, dem dortigen Menschen unvorsichtig den Rücken zuzukehren sei nicht gut. Solche Leute sind nicht imstande, innig auf dem Kirchenboden zu knien, es sei denn, im Zustand des Gottesnarren, wie in den Romanen Dostoevskijs. So erweist sich der schwarze Rock jener Nonne als Fetzen mit vielen Löchern, vielleicht werden bessere Menschen, hervorgegangen aus dieser Nation, dort ihre Sterne entdecken.

Dann kommen wir nach Belgrad, in die Hauptstadt des ehemaligen sozialistischen Reiches, eine riesige Stadt, größer denn je. Mein halbes Leben ist dort in sehr engen Dimensionen verlaufen, jetzt ist es eine unbändige Stadt, laut, chaotisch, gärend, hier und da schlecht beleuchtet. Es gibt auch keine Beleuchtung im Treppenhaus des Gebäudes, in dem wir wohnen werden, zum Glück funktioniert der Lift. Eine Dame aus der Nachbarschaft sagt, sie habe sich bereits an diese Dunkelheit, an die im Treppenhaus, gewöhnt, obwohl sie eigentlich nicht wisse, weshalb es so sei. Der Hausmeister schaltet manchmal den Automat ein, dann vergißt er es wieder, das zu tun. Niemand ist deshalb hinter ihm her, niemand empört sich darüber, daß man sich in der Dunkelheit von Stockwerk zu Stockwerk wälzen muß. Und dann sieht auch diese feine Dame, eine ehemalige Belgrader Bürgerin, in diesem Ungemach nicht weiß Gott was, alle Welt ist dort an allerhand Mängel gewöhnt, jeder denkt, dieser Zustand werde vorübergehen, früher oder später. Aber er wird es nicht. Denn solange sich niemand gegen diesen Abenteurer von Hausmeister auflehnt, solange niemand mit der Hand auf den Tisch des dortigen gemeinsamen Lebens haut, werden uns die finsteren Mächte wer weiß wie lange und ungewiß, warum, in dem unbeleuchteten Raum festhalten. Man darf sich niemals ergeben. Man darf niemand das Recht einräumen, uns zu drangsalieren, und sei es auch nur mit der kleinsten Einzelheit, und sei es auch nur damit, daß er uns dazu treibt, ohne Hilfe irgendeiner Glühbirne die Stockwerke in jenem Hause hochzusteigen. Das ist die erste Berührung mit meiner einstigen Stadt, eine alte Dame, die sich damit abgefunden hat, im Dunkeln durch das Treppenhaus zu gehen, ohne zu wissen, warum sie das tut. So vergeht die erste Nacht in der geräumigen Wohnung, in die wir wie durch einen Tunnel gelangt sind. Und erst morgen müssen wir verstehen, wo wir sind und was wir weiter tun werden.

Was ist das für eine Wohnung, in der wir Gäste sind, nicht nur unserer Berliner Freunde, sondern auch Gäste einer Zeit, einer schon lange unansässigen? Zumindest kommt es mir so vor, als wäre die Zeit, in die wir geraten sind, ein leerer Raum, ohne alles, und die Leute, die sich dort aufhalten, sehen das auch selbst, als lebten sie in einem riesigen Raum, ohne alles. Dieses Appartement verkörpert im übrigen die Epoche, in der das Haus gebaut wurde, irgendwann Ende der dreißiger Jahre des letzten Jahrhunderts, ein Prachtbau neuen Stils, Kind einer explosiven Bautätigkeit in Belgrad, unmittelbar vor dem Zweiten Weltkrieg. So bewege ich mich langsam durch diese vielen, sehr großen und geräumigen Zimmer, und was ich zuerst versuche: das Fenster zu öffnen. Da stoße ich auf eine seltsame Vorrichtung, die unten am Rahmen zwischen den Scheiben angebracht ist, ein kleiner metallener Bügel, elastisch und beweglich, den man auf Druck völlig einsenken kann. Diese Anbringung dient dazu, das zum Zimmer offene Fenster festzustellen und vor Zugluft zu schützen. Solche Bügelchen gibt es nicht mehr an den Belgrader Fenstern und auch nicht an denen in Europa, es ist eine rare Vorrichtung, deren Zweck der Uneingeweihte kaum versteht, und erst später werden wir bei unseren äffisch-menschlichen Versuchen, den manuellen, entdecken, was es bedeutet. So habe ich unseren Blick nach draußen festgestellt, auf den weiträumigen, aber verwahrlosten Platz vor dem Bahnhof, einem ganz archaischen, anachronistischen Gebäude, vergessen in der Zeit, zurückgelassen in seinem eigenen neunzehnten Jahrhundert, aus dem es stammt. Wohin kann man von diesem uralten Bahnhof überhaupt fahren, wohin reisen? Hinter dem müden Gebäude zeichnen sich die Türme jenseits der Save ab, eine neue Welt, die das, was von der alten übriggeblieben ist, überflügelt. So wende ich mich, nachdem ich mir kurz klargemacht habe, wohin wir geraten sind – in eine Mischung von Gewesenem und Künftigem –, wieder dem Innern der großen Wohnung zu, der Provinz unseres Lebens in der folgenden kurzen Periode. Der ehemalige Bewohner, der Vater unserer Freunde, war ein berühmter Kunstgelehrter, in meiner Jugend förderte er meine ersten Bücher, und er war ein kleiner Mann, ein asthenischer, magerer Herr mit kurzen Schritten, ich denke, ihm muß die Wohnung, in der er lebte, noch größer vorgekommen sein. Denn der Erbauer des Prachtbaus aus dem Jahre 1936 oder 1937 hoffte, das Leben Belgrads werde strotzen und ins Unendliche weiterwachsen, ohne die bevorstehenden Kriege und das allgemeine geschichtliche Grauen zu berücksichtigen. So wurde auf dieser Basis des vierten Stockwerks, das man in den klaren Himmel der damaligen Stadt gesetzt hatte, ein Leben fast wie auf einem Platz geplant, so weit liegen die Elemente des Wohnens auseinander, vom Schlaf- oder Arbeitszimmer bis zum Bad muß man eine gute Strecke zurücklegen, die Küche ist irgendwo ganz hinten, mit einer Speisekammer, wie sie heute manchenorts auch zwei Leute bewohnen, mit einigen Balkons zum Innenhof hin, jetzt voller Katzen und großer Müllberge, mit jener Vorrichtung zum Teppichklopfen, ähnlich einem Fußballtor ohne Netz, ähnlich einem Galgen ohne Schlinge, immer verrostet, manchmal ein wenig verbogen, an der Kinder turnen, die wie eine Pforte in eine andere Welt und in einen unklaren Raum wirkt. Denn so manches in unseren einstigen Städten sieht einem Tor ähnlich, durch das man gehen muß, um in eine alte Zeit zu gelangen. So können wir schließlich aus unserer Kapsel herauskommen, aus dieser Arche Noah, die an diesem Belgrader Berg im Jahre 2005 nach Christus gestrandet ist, aber ob es den Erlöser in dieser Stadt noch gibt, werden wir sehen.

Aufs neue müssen wir den Boden eines Landes im Übergang bewältigen, den von den Löchern der Vernachlässigung und der Lethargie aufgewühlten Bürgersteig. Ich denke, schon ein kleiner Teil eines derart ruinierten Trottoirs in einer einzigen Straße wäre in der Lage, die psychopathologische Geschichte über die depressive Seele ihrer Bewohner zu erzählen. Sonst hätte wenigstens irgendeine besonnene Person aus diesen Häusern Werkzeug in die Hand genommen, es hätte sich wohl auch ein bißchen Baumaterial gefunden, um ein Stück unseres alltäglichen Lebenswegs in Ordnung zu bringen, um ihm eine leidliche Perspektive zu errichten. Aber da das nicht der Fall ist, beginnen wir in einem Staat, in einer Polis des seelischen Unbehagens und einer verdeckten Bedrücktheit zu leben; dies läßt sich schwerlich durch das Sitzen in den zahlreichen Straßencafés, unter Sonnenschirmen und bei riesigen Krügen mit Bier, widerlegen. Denn das Bier, das ist nur der Schaum ihres Lebens, unter dem die Flüssigkeit eigentlich unfreundlich bitter bleibt. In Belgrad ist viel Verstellungskunst am Werk. Denn in dieser mittlerweile großen Stadt herrscht ein nie gesehenes Tempo, der Verkehr nimmt in fast wahnsinnigem Ausmaß zu, die Menschen, vor allem die jungen, befinden sich in einer hohen Beschleunigung, in wer weiß welche Richtung, und dennoch, was verdeckt sie eigentlich, diese ganze kinetische Euphorie? Ich denke, in ihrer täglichen Bewegung drückt sich auch der Grundsatz jeden Reisens aus: reisen, aber nirgendwo ankommen! Ich denke, die schöne junge Belgrader Welt hat überhaupt kein besonderes Ziel, während sie durch die Straßen jagt, außer in irgendein Lokal, in eine kleine Gesellschaft zu gelangen, und sei es auch am anderen Ende der Stadt. Vielleicht ist das der Grund dieser Hast in den Straßen, daß die besagten junge Leute von diesem Ende an jenes kommen müssen und umgekehrt.

Als Meile mit Dutzenden kleinen Lokalen ist jetzt eine früher ganz stille Straße in der Nähe der Donau sehr beliebt, die Strahinić-Ban-Straße. Dort habe ich einmal gewohnt, neun Jahre lang. Und kenne diese stille Ecke, mit einem ziemlich schmalen Bürgersteig, fast tot für den Verkehr, unter Linden. Zu jener Zeit wohnte dort der berühmteste jugoslawische Chirurg Isidor Papo, zwei, drei Schauspieler, Schriftsteller und Maler waren dort, ein Baumeister aus der Zeit des Art Déco, Brašovan, ein Fotograf, ein Cineast, und nur etwa hundert Meter weiter begann der Zoologische Garten, das Brüllen der Löwen drang oft in meine Träume. Jetzt ist das eine andere Gegend, eine andere Straße, eingepflanzt in die vorherige und doch völlig neu. Entlang den einst ruhigen Fassaden ohne einen einzigen Laden – das war charakteristisch für viele Straßen des Sozialismus – sind jetzt ganze kleine Städte der Bewirtung entstanden, ein Hafen, in dem Restaurantschlepper, Cafébarken, Bistroboote, eng aneinander gedrängt, aufgelaufen sind. Wie zwischen ihnen hindurchschwimmen, um ans Ende zu kommen, zum Eingang in das Haus Nummer zehn, das Domizil meines Schreibens, die Wiege des Buches *Die Rolle meiner Familie in der Weltrevolution*? Werden in dieser Gegend noch immer Bücher geschrieben, so ähnliche wie meins oder andere, werden in jener Republik der Speisen und Getränke überhaupt irgendwelche geschriebenen Sachen gelesen? Wenn meine Frau mich vor diesem Tor fotografiert, nimmt sie kein aktuelles Bild auf, sondern eins von früher und von vorher. Ich überlege dann, welche Häuser meines Lebens, in Belgrad, ich ihr zeigen sollte, damit dieser Teil meiner Biographie mit Hilfe ebendieser Gebäude erstellt werden kann. In meiner frühen Kindheit, vor dem Zweiten Weltkrieg, machte meine Mutter wie eine Verrückte alle sechs Monate eine neue Wohnung ausfindig, in der Meinung, unsere damalige, ziemlich unsichere Lage würde dadurch verbessert. Nur daß sie in jeder neuen Siedlung ein neues Manko entdeckte: den Lärm der Straßenbahn, den unangenehmen Geruch der nahen Keksfabrik oder die verrückte Familie im Stockwerk über uns, die einen Heidenlärm veranstaltete. So schwammen unsere Sachen ununterbrochen, als hätte man sie vor einer Überschwemmung auf den Lastkahn der regelmäßigen Umzüge geladen, in eine unklare Zukunft wie durch hohe Meereswellen. Ich suche einzelne Häuser meiner Vergangenheit auf, um für meine Gefährtin das, was einmal war, zu beschwören, aber manchmal bin ich gar nicht sicher, ob das die Häuser sind, in denen ich gewohnt habe, oder ob es mir nur so vorkommt. Was, denke ich, auch nicht mehr wichtig ist, denn das, was ich ihr und den anderen zeigen möchte, ist, daß ich völlig in dieser Stadt gelebt habe, mit einem Wort: überall. Denn die Bruchstücke meines Aufenthaltes dort waren auf unzählige Stellen in Belgrad verteilt, das als Ganzes mein Haus, die Wohnung meines Schicksals war. Ich sehe, daß es unmöglich ist, in diese Zeit zurückzukehren, so wie es unmöglich ist, zweimal in denselben Fluß zu steigen. Vorbeigeflossen ist die Save unseres Lebens, die Donau unseres Schicksals, wir können nur am Ufer stehen, die Füße im Sand, und das ist alles. Wir beide haben gar keine Geschichte, ebensowenig wie die anderen eine haben. Und das, was man sich aus jemandes Annalen gemerkt hat, sind lauter Phantasmen oder bestenfalls ein Text, ein literarischer. Wir sind nicht imstande, alles, was wir waren, zusammenzusammeln, denn es war viel, zuviel. Wir, Menschen mittleren Alters, sind eine kleine Enzyklopädie von allem Möglichen und nicht nur ein schönes kurzes Lyrikbändchen. Das bezieht sich lediglich auf ganz junge Personen, und nicht einmal auf diese. Schon in der frühen Jugend verflechten sich so viele Dinge, fremde, andere, verschiedene, mit dem eigenen Leben, der Mensch wird mit einem Wort mehr, als er ist, er nimmt sehr schnell die Welt in sich auf. Weil das menschliche Wesen, ein einziges, die Welt ist, die ganze. Daher zerstreut sich unsere Suche nach den eigenen Wurzeln, nach den Orten, an denen aus diesen Wurzeln dieser oder jener Baum sprießt, nach Personen, die wir kannten, und Gegenden, die uns umgaben, zerstreut sich all das in eine Million von Einzelheiten, die für ein Buch, von welchem Umfang auch immer, unmöglich einzufangen sind, und sei es eine Reisebeschreibung. Denn ich denke, daß einer Reisebeschreibung unweigerlich jene Oberflächlichkeit anhaftet, die dem Blick durch das Fenster einer Kutsche oder eines Zuges entspringt. Deshalb ist mir bewußt, daß mein Buch jene stille Leichtigkeit hat, mit der ein Schiff den Fluß hinunterfährt. Und dann begreifen wir bei dieser Betrachtung der Mutter Erde an dem einen oder anderen Ufer, daß es noch vieles gibt, Sichtbares, das in kein Handbuch hineinpaßt.

Plötzlich erinnere ich mich, daß ich irgendwo in der Nähe von Belgrad ein Stück Land besitze, ein kleines Quadrat von etwa tausend Metern, das in der Nähe des Ortes Grocka liegt, verwildert und verwahrlost, und in dieser seiner Einsamkeit und Verlassenheit auf die Donau sieht. Viele vergleichbare Dinge habe ich jahrelang vernachlässigt, so wird auch dieses Miniaturmodell meines Besitzes von Unkraut und Disteln überwuchert, obwohl die Natur in dieser Gegend paradiesisch ist, wenn auch ihr Adam verbannt ist, vertrieben durch den eigenen Willen, die persönliche Entscheidung, sich in einem solchen Eden nicht mehr aufzuhalten. Ich entsinne mich, daß in der Nähe meiner Zwergenranch auf einer Anhöhe über dem wichtigsten europäischen Fluß ein Restaurant mit einer riesigen Terrasse stand, dort ließen es sich einst Ausländer, Diplomaten, Gäste der Hauptstadt, Schriftsteller und Schauspieler gut gehen, mit einem Wort, irgendwelche Herrschaften, wie sie auch im Sozialismus manchmal zu finden sind, denn auch im Sozialismus verteilt jenes Füllhorn bisweilen Gaben, schüttet es Speis und Trank auf weiche Tischtücher aus, und das europäische Volk, meist völlig überrascht, stürzt sich auf diesen Tisch, ohne Zurückhaltung. So war es zumindest im jugoslawischen Kommunismus, ich weiß nicht, wie sich ähnliche Dinge in der Ukraine oder in Rumänien abgespielt haben. Mit meinen Gedanken in dieser fernen Zeit, führe ich meine Frau zu einem imaginierten Mittagessen von früher aus, nur noch eine Kurve, und wir sind da, sogar das Dach des bekannten Hauses auf dem Gipfel ist schon zu erkennen. Doch finden wir dort nur eine Ruine vor, ein verwüstetes Gebäude ohne Türen und Fenster, mit vielen patriotischen Aufschriften an den Wänden. Als wären wir in ein Städtchen geraten, im vom Krieg gebeutelten Bosnien oder Slawonien und nicht in der Nähe der serbischen Hauptstadt. Als hätte es hier einen Ansturm feindlicher Truppen gegeben, hat es aber nicht. Der Gipfel oberhalb der Insel von Grocka wurde von den eigenen Kräften der damals auf den Sieg setzenden serbischen Diktatur vernichtet, in erster Linie durch Vernachlässigung, dann durch Diebstahl, schließlich durch das allgemeine Elend und die Armut. Was einem im Zentrum Belgrads nicht auffällt, tritt hier offen zutage: wer braucht schon ein Eliterestaurant in einer schönen Gegend, die Zeiten sind erbärmlich, uns ist alles egal, soll doch alles verfallen!

Erst da bemerken wir, daß auch alles andere um uns herum in einem ähnlichen Zustand ist, unordentliche Äkker und Weingärten, Dreck auf den Straßen des Städtchens, das magere Vieh muht hinter den Zäunen, die Straße hat Schlaglöcher wie nach einem Erdbeben, das ist Serbien. Das ist jenes Serbien, das seine Not nicht verbirgt, unweit der Knez-Mihajlo-Straße und doch unendlich weit entfernt von jeglichem Sinn für das Saubere, Schöne und Ordentliche. Jenes Serbien, das von seinen Roma-Nachbarn das Schlechteste abgeschaut hat. Warum hat es von diesen armen Leuten nicht die Gutmütigkeit, die rührende Weichheit übernommen, sondern nur die Unordentlichkeit und traurige Unsauberkeit, in der zu leben sie verurteilt sind? Und wenn ich an die globale Zigeunerei meiner Nation denke, dann meine ich nicht die traurige Geschichte des Zigeunertums und seines Daseins, sondern einen Ausfluß aus der nomadischen Praxis in unsere Welt, daß sie einfach nicht mit den Bedingungen ihres Hundelebens fertig wird und oft alles laufen läßt, wie es eben läuft. Wir sitzen dann mit meinen Nachbarn zusammen, einem Mann und einer Frau, deren Grundstück neben meinem liegt. Dieser kleine Mann war Jurist bei der Armee, wohnte in der Nähe von Titos Residenz. Einmal sah ich ihn im Fernsehen in der Rolle des Vorsitzenden einer Wahlkommission, dort, wo auch der Staatsführer abstimmte. Das Männlein war Tito gegenüber sehr dienstbeflissen, machte viele Bücklinge und schüttelte schließlich die Hand des heiteren und lächelnden Diktators. Heute ist er ein halber Greis, zusammengesackt, seltsam gekleidet. Lidija fällt auf, daß seine Garderobe aus Teilen der ehemaligen Uniform besteht, nur ohne Rang- und sonstige Abzeichen. Heute sind all die Leute, überwiegend Pensionäre, die ihr Alter in unansehnlichen Bruchbuden in der Umgebung von Städten verbringen, all diese eigentlich gestrigen Leute, wie sie die russische Literatur gezeichnet hat, sind chaotisch gekleidet, womit sie ihre aktuelle Lage ausdrücken, der Nachbar hat zusätzlich noch das Zeichen seines ehemaligen Dienstes. Als wäre er soeben von seiner Degradierung gekommen, wo ihm eine Hand, und das ist eigentlich die Hand der Geschichte, Litzen und Sternchen abgenommen hat, deren Spur auf dem ausgebleichten Rock zu erkennen ist, es gibt viele solcher Spuren im Leben einer ganzen Generation, das sich verflüchtigt hat.

Ich weiß nicht, womit sich dieses Geschöpf während der nationalistischen Schreckensherrschaft beschäftigt hat, vielleicht hat er sich wie viele andere Kommunisten dem verbrecherischen Führer angedient, aber möglicherweise hat er sich nur still in seine Grockaer Bude zurückgezogen und sich Teile seiner ehemaligen Uniform mit den dunklen Spuren von den einstigen Litzen übergezogen.

Heute ist er eigentlich freundlicher als früher, seine Frau und er bewirten uns mit eigenem Wein, er versucht, uns seine Weinbautechnologie zu erklären, alles ist sehr bescheiden und ein wenig abgeschmackt, ein Leben geht vor unseren Augen zu Ende, überwuchert von Unkraut wie mein Stück guten Landes, chinesischen Landes, hinter meinem Rücken. Ich denke, daß sich heute in einem metaphorischen Sinne ganz Serbien ähnlich kleidet wie mein Nachbar von Grocka: in altes Zeug. Denn auch das, was heute neu ist, wirkt alt, dafür sorgt der Geschmack der neuen Generation, die ihre zerrissenen Hosen liebt, und seien sie auch von den bekanntesten internationalen Firmen. Alles ist heute jedoch zerrissen, meine Herren, nur daß das in Serbien irgendwie deutlicher zum Ausdruck kommt, als wäre Serbien der Ort, wo sich eine allgemeine Zerrissenheit äußert, das Podium einer globalen Armseligkeit, die Bühne, auf der jenes Beckettsche Schauspiel des Absurden, der allgemeine Dialog der Obdachlosen gespielt wird. Oder das ganze Land Serbien ist heute in seinen Wochenendhäusern ansässig. Ihre Wohnhäuser, dort, wo ihr wirkliches Leben verlaufen ist, dort, wo es keine richtige Arbeit mehr zu geben scheint, sind Fabriken ohne Produktion, das echte Leben ist beendet. So findet sich die Bevölkerung dieser Gegend in einer Sommerfrische für Arme, in jener Art von Ferien, wie man ihn den Arbeitern von ruinierten Fabriken gewährt, es nennt sich Zwangsurlaub. Deshalb gleicht alles einem Zufluchtsort und einer vorübergehenden Geborgenheit, bis der Regen nicht aufgehört hat. So etwas wie der Rahmen des Films Rashomon. Der während der starken Regengüsse auf der Insel, unter dem Vordach eines verlassenen Tempels beginnt und endet. Mein Land, das ist diese Regenperiode, die nicht enden will. Und während sie andauert, hocken wir alle auf japanische Art da und erörtern diese Geschichte, wie sich der finstere Mord an einem ehrenhaften Menschen zugetragen hat. Weil auch mein Land ehrenhaft war, zumindest in den Grundzügen, und dennoch ist es auf asiatisch grausame Weise umgebracht worden.

Später möchte ich, daß Lidija auch andere Stationen der Geschichte, manchmal sehr dramatische, sieht. Und so führe ich sie vor das Haus, in dem sich die ganze Geschichte meiner Familie in der Weltrevolution abgespielt hat, vor das Gebäude am Zeleni Venac Nummer zehn, nur etwa hundert Meter von dem Haus entfernt, wo während der deutschen Okkupation Ivo Andrić lebte und wo er in diesen paar Jahren seine wichtigsten Werke schrieb. Ich war zu jener Zeit ein kleiner Junge, ich hatte keine Ahnung von diesem Schriftsteller und seinem Werk und erwarb gerade meine ersten Kenntnisse über die Dramaturgie und die erzählerische Grundlage unseres Alltagslebens. Dort, in diesem Haus, hatten wir den ganzen großen Weltkrieg über gewohnt, und als dieser beendet war, wurde meine sanftmütige bürgerliche Familie von einem Oberleutnant der Partisanen, dem unsere Wohnung im Zentrum der Stadt sehr gut gefiel, delogiert. Und so wurden wir vorübergehend in zwei dunklen Zimmerchen eine Etage tiefer untergebracht, bei einer tauben alten Frau, die Regenschirme reparierte. Den Umzug bewerkstelligte ein Zug Soldaten, die, ohne auch nur irgend etwas zu verpacken, mein Klavier, Mamas Gläser, Papas Anzüge, alles zusammen in einer großen Unordnung, auf das niedrigere Niveau unseres Lebens hinunter beförderten. Dieses Gebäude zeige ich nun meiner Gefährtin, um ihr ein weiteres Element jener Zeit zu erklären, die vielen heute sehr idyllisch vorkommt. Und manchmal ausgefüllt war von einem Aufenthalt in düsteren gemeinsamen Wohnungen, unter fremden Leuten, unter Bedingungen, die uns aufgezwungen wurden, und sei es auch von einem Oberleutnant, einem häßlichen und benachteiligten, mit einem kürzeren Bein und einem Sprachfehler.

Was müßte man noch alles an Gemeinsamem in dieser Stadt wiederfinden, wo sind die Orte, an denen ich mit meinen Freunden zusammen war, mit den Mädchen meiner Jugend, mit vielem, was heute in der Zeit verblaßt, verschwunden ist? Manche dieser Wohnungen, Gebäude, Straßen und Straßenecken erkenne ich nach vielen Jahren wieder, aber an andere kann ich mich nicht mehr erinnern. So kann sich auch Lidija nicht mehr erinnern, wo der Dichter gewohnt hat, der ihr einmal, vor langer Zeit, gefiel und kurz darauf starb. Weil die Menschen im Laufe der Zeit von uns gehen, ohne Warnung und ohne Gruß. So denke ich, daß wir sehr gut auf uns aufpassen müssen, damit unser Leben noch eine gewisse Zeit dauert, und später wird man sehen.

Diese Stadt ist wie so viele andere aus einer Menge von allem Möglichen zusammengesetzt, die meisten Siedlungen in Europa sind eine Ansammlung aneinandergeklebter Räume, Collage neben Collage. Dieses Verfahren, für das es ähnliche Beispiele aus der modernen Kunst gibt, verwendete die Geschichte, verwendete die Zeit. Ich will sagen, Belgrad ist kein stilistisch einheitliches Gebilde, wie zum Beispiel Catania, das fast zur Gänze von der Hand eines Baumeisters geschaffen wurde, oder wie die alte Festungsstadt Urbino. Belgrad ist eine Anthologie des Bauens während einiger Millennien, jeder kann wählen, was er dort am liebsten hat. Ich zum Beispiel betrachte am liebsten diese paar Jugendstilhäuser oben auf dem Gipfel des Kamms, der die Knez-Mihajlo-Straße markiert, eigentlich das, was im Stil der Jahrhundertwende in der Kralj-Petar-Straße errichtet wurde, teilweise auf der Seite, die zur Save abfällt, dann auf der anderen, die sich zur Donau neigt. Belgrad gab Anfang des letzten Jahrhunderts viel auf den Handel, daher sind auch diese Gebäude dem Verkauf gewidmet, und ich erinnere mich, daß das in meiner Kindheit die liebsten Plätze meiner Streifzüge waren. Wenn ich mit meiner Mutter einkaufen ging, stieg ich die Metalltreppe jenes Gebäudes hoch, wo Textilien, Teppiche und Vorhänge verkauft wurden, wo die Wände, das Fensterglas, der Eingang und die ganze innere Einrichtung eher einem Luxushotel glichen als einem gewöhnlichen Geschäft. Diese paar Häuser bilden zusammen mit der einen oder anderen vornehmen Villa an der Peripherie den Jugendstilbestand Belgrads, meine Auswahl aus alldem, was dort als Architektur existiert. Ich hatte einen Freund, einen Historiker, der diesem Phänomen viele Texte gewidmet hat, er hinterläßt mehrere mit Liebe und Verstand geschriebene Bücher. Er lebte sehr lange in Belgrad, ich kümmerte mich nicht darum, welcher Nation er angehört. Als der serbisch-kroatische Konflikt ausbrach, schrieb ich einen Brief, einen sehr pejorativen, über den neuen kroatischen Führer, mein Freund wandte sich mit einer Botschaft an mich, sehr beleidigt, erst da verstand ich, daß er Kroate ist und zwar ein ausgesprochen empfindlicher Kroate. Das war der erste Fall, wo jemand aus diesen Gründen die Freundschaft mit mir abbrach, später folgten viele ähnliche, meistens kündigten Serben sie mir auf. Ich weiß nicht, warum ich diesen Spaziergang durch die schönste Architektur Belgrads mit dieser Episode verderbe, aber das scheint mir unvermeidlich. Ich möchte nichts ungeklärt lassen, weil man alles klären kann. Sogar Ereignisse, die eigentlich unerklärbar, völlig unklar sind. Wie ist es möglich, daß jemand eine langjährige Freundschaft abbricht, nur weil ihm eingefallen ist, daß wir verschiedenen ethnischen Gruppen angehören? Weil auch er, glaube ich, nicht jede Handlung der neuen kroatischen Macht, über die ich geschrieben habe, für richtig hielt. Er hat Serbien zwar verlassen, vielleicht lebt er noch, dann hält er sich zweifellos auf kroatischem Boden auf, aber er meldet sich nicht zu Wort. Er ist also nicht auf die heimatliche Scholle zurückgekehrt, um ein unvernünftiges System zu unterstützen, sondern um zu schweigen. So schweigen wir beide voreinander, und er schweigt zur Gänze, absolut. Weil ihm wahrscheinlich in diesen fünfzehn Jahren klar geworden ist, daß unsere Gespräche über die Jugendstilbauten, über die venezianischen Veduten, während wir auf dem Markusplatz umhergingen, und über Kunst allgemein, viel wichtiger waren, als eine Karikatur von Führer vor meiner Satire zu verteidigen. Es war ein Erdbeben in den Freundschaften so vieler Leute, ein Bergrutsch, der Jahrzehnte gemeinsamen Lebens mit sich riß, und als sich der Boden beruhigte und sich die Erdtrümmer zu einem neuen Relief formierten, stellte sich heraus, daß die zahlreichen Brüche in verschiedenen Leben gar nicht hätten geschehen müssen.

Es ist etwas sehr Schönes passiert. Ein alter Bekannter, ein Freund aus der Schulzeit, kam in seine einstige Stadt zu Besuch. Und er erzählt mir, was er in Belgrad gemacht, was er gesehen hat. Ergänzt so meine eigenen Befunde und meine persönlichen Gefühle und läßt unseren Blick in die Vergangenheit zu einer gemeinsamen Aktion werden, als schauten wir über ein Brückengeländer in einen Fluß, der vorbeifließt. Er sagt, er hat sich insgesamt schlecht gefühlt, als wäre er irgendwohin gereist, um seine Erbschaftsangelegenheiten zu regeln, und als er dort ankam, stellte sich heraus, daß es gar kein Erbe für ihn gibt, das, was der Verstorbene (und das ist offensichtlich unser gemeinsames Land) hinterlassen hat, gehört anderen, wir sind Parias, wie wir es auch früher waren. Da ist niemand, nichts, das ist die allgemeine Rechnung unseres Lebens. Doch eine kleine Sache, sagt er, hat ihn gefreut. Schon früher hatte er die Gegend seiner Jugend, sein Wohnhaus in Belgrad besucht. Manchmal war er in diese Stadt gekommen, war in den unordentlichen und vernachlässigten Straßen umhergeirrt, und was ihn am meisten getroffen hatte, war das Aussehen seines ehemaligen Hauses, die Fassade des einstöckigen Gebäudes in der Nähe der Domkirche, direkt am Rand des Kalemegdanparks. Der Putz bröckelte ab, die Fenster waren verschmiert und gesprungen, vielleicht waren die neuen Bewohner arm, möglicherweise Flüchtlinge, es kam ihm so vor, als hätte er dort ein bekanntes Wesen angetroffen, einen Verwandten oder Freund, arm, grindig und schmutzig, ein Geschöpf, das die Sprache, womöglich den Verstand verloren hat. Jetzt, sagt er, ist ein Wunder geschehen, jemand hat das Gebäude renoviert, ihm eine neue Fassade gegeben, die Fenster ersetzt und das Dach repariert, als wäre diese Fassade wie eine bis vor kurzem deklassierte Person aus dem Armen-, aus dem Narrenhaus entlassen worden, dort sogar noch mit einem Diplom über eine bestandene höhere Prüfung herausgekommen, das Leben steht ihr offen. Diese Dinge erzählt mir mein Freund, am Telefon, ich weiß nicht, was sich in seinem Gesicht abspielt, aber ich denke, es ist der Bericht eines erschütterten Menschen, den Tränen nahe. Er hat nichts mehr mit diesem Gebäude in der nach dem romantischen Dichter Rajić benannten Straße zu tun, er kennt keinen der dortigen Bewohner mehr, nichts in diesem Haus gehört mehr zu ihm, und dennoch hat sich in seinem Geist etwas auf angenehme und erfreuliche Weise gelegt, es ist fast unglaublich, daß man auch auf diesem Weg zu einem kleinen Glücksausbruch kommen kann.

In jener Gegend Belgrads, am Hang unterhalb des Theaters und des Studentenparks, liegt in der schattigen Francuska-Straße das Haus der serbischen Schriftsteller und hinter dem Gebäude der Garten, in dem ich jahrzehntelang mit meinesgleichen gesessen habe, ohne daran zu denken, daß auch zwischen uns die Bombe der Uneinigkeit und Zwietracht fallen würde. Einige von ihnen, eigentlich die Mehrheit meiner dortigen Kollegen, sind tief in die malignen Ereignisse des vergangenen Jahrzehnts verwickelt, ich vermute, einige sitzen auch weiterhin in dem Garten unserer literarischen Jugend, als wäre nichts geschehen. Als meine Frau, neugierig auf jeden Fußbreit dieser Stadt und auf jeden, der meine Spur war, möchte, daß ich einmal am Abend mit ihr dort hingehe, sage ich ihr, daß ich nicht mehr hingehen mag. Nicht nur, weil ich viele dieser Personen nicht mehr sehen kann, sondern auch weil der Garten unserer Vergangenheit von einer besonderen Art Unkraut überwachsen sein muß, überwuchert von einer speziellen Form der Mandragora, der Pflanze des Hasses und des Streits. So spähen wir am Tag in diesen Raum, wenn dort nichts passiert, und da ich feststelle, daß sich scheinbar nichts verändert hat, bestätigt sich lediglich meine Meinung: obwohl alles gleich ist, ist nichts mehr wie früher. Nur höre ich auf jenem Kies, zwischen den leeren Tischen und Stühlen einige Augenblicke lang noch das Echo unserer Gespräche, vor allem der verstorbenen und in der Zwischenzeit verschwundenen Menschen. Eine Brüderlichkeit ist zerbrochen, geblieben sind nur die Brandstifter unserer Gemeinschaft, stolze Poeten, verwandelt in Verführer zum Bösen, in Promoter des Verbrechens. So stehen wir noch einige Augenblicke an jenem Tor, zwischen den Pfosten, durch die ich in die Literatur eingeführt wurde, in den Kreis der heute toten Dichter Dušan Matić und Vasko Popa, auf der Schwelle, wo mir Andrić einmal die Hand gab, wo mich Vučo in der Literatur voranbrachte, wo sich Oskar Davičo beeilte, mich mit dem Mailänder Kritiker Vigorelli bekanntzumachen. All das sind heute nur Gespenster eines Seins, eines für immer begrabenen, und daß ich aufs neue dort bin, das ist nur, als ob man sich mitten auf die Bühne stellt, während kein Theater stattfindet. Denn am Abend wird sich diese traurige Gruppe von verstrickten Kriegstreibern, mit denen ich keinen Rotwein trinken möchte, hierher schleppen. Kann ein Restaurantgarten in seinem leeren Zustand, also wenn überhaupt keine Gäste da sind, kann dieser begrenzte Raum mehrere Jahrzehnte eines Lebens mit Büchern, mit Ideen fassen, mit Versuchen, all das zu begreifen, was außerhalb des Gartens liegt, was zu keinem Zweig der Schriftstellerei gehört, sondern zur nackten Existenz, zu den Leuten, die ich in dieser Existenz getroffen habe, mit denen ich Umgang gepflegt habe und von denen ich mich später, oft in Krämpfen, in Konvulsionen, für immer getrennt habe? Hinter dieser hohen Hecke, die die Gewöhnlichkeit der Straße von diesem Winkel des literarischen Lebens trennte, ganz in der Nähe, auf der anderen Seite des Trottoirs, wohnte, als ich fünfzehn oder sechzehn Jahre alt war, die Familie meines Großvaters und meiner Großmutter, im Krieg aus dem unabhängigen Staat von Pavelić vertriebene Personen, es war im Sommer 1947 oder 1948, und ich betrachtete, wenn ich auf dem Schulweg bei meinen Großeltern vorbeiging, um dort eine Kleinigkeit zu essen, voller Neid die hohe Buchsbaumhecke, hinter der die Literatur residierte. Schon ein paar Jahre später übersprang ich die Barriere aus dunklem Grün, und heute, wieder an derselben Stelle, denke ich, wieviel Glück ich hatte, daß es mir gelang, diesen Garten der dichterischen Wonnen zu verlassen, wenn auch auf dem Floß der Medusa. Weil es sich gezeigt hat, daß der heiß ersehnte Garten des literarischen Seins auch ein verrottetes Schiff ist, das in einem fort sinkt, aber seine Passagiere noch immer nichts davon merken. Denn auf dieser Titanic unseres Schreibens ist alles wie auf jener im Jahr 1911, in den Salons der serbischen Literatur wird Bridge gespielt, es dreht sich der Wahnsinnswalzer eines besonderen Stils, es wird bis zum Umfallen getrunken, aber der Bug ist längst schon in den Eisberg der Wirklichkeit hineingestoßen, wie das Boot der Liebe in Majakovskijs Gedicht am Alltagsleben zerschellt ist. Sie sehen es nicht, meine alten und jungen Kollegen aus dem Skribentenkolleg jener Stadt, daß ihre Dithyramben zu Ehren der Verbrecher, solange sie sie als Helden ansehen, zu nichts führen, nur daß sie außerhalb aller moralischen Normen stehen, nur daß sie gegen jeden menschlichen Geschmack verstoßen, nur daß sie unsagbar schändlich sind. Der Mensch kann sich schamlos und gegen jedwede menschliche Hausordnung benehmen, nicht nur, wenn er mit den Fingern ißt, wenn er seine Zähne nicht putzt und Darmwinde entweichen läßt, wie es ihm gefällt, sondern wenn er bereit ist, seinem Nachbarn den Hals umzudrehen, nur um an seinen Fernseher oder Kühlschrank heranzukommen. Ein solches Geschöpf ist imstande, alles aus dem Haus des Nachbarn aufzuladen und diese ganze Ware auf dem nächsten Markt zu verkaufen, ohne bei dieser Tat die geringste Scham, auch nur einen Hauch von Nervosität zu empfinden.

Ein alter Freund, der zufällig in ein serbisches Städtchen geraten war, erzählte mir die folgende Szene: Auf dem dortigen Platz traf ein Laster mit in Bosnien gestohlenen Sachen ein, sogleich begann der Verkauf. Weder fragte sich irgendwer, wessen Sachen das waren, noch, woher sie kamen, obwohl das jeder sehr gut wußte. Mein lieber Freund empfand Scham, weil er diese Szene beobachtete, die Käufer und Verkäufer hatten diese Scham nicht. Aber schamlos waren auch unsere stolzen Schriftsteller, die Bewohner des Belgrader literarischen Gartens, weil sie in ihren Texten eine Politik rühmten, die unter anderem räuberisch war. Es handelte sich nicht mehr um die erhabenen Interessen der Nation, um die Ehre und den Ruhm der serbischen Waffen und wer weiß was noch alles, es ging um gewöhnlichen Diebstahl, Räuberei, Wegelagerei. Das berücksichtigt Herr Handke auf seiner Reise durch ebendieses Land keineswegs, er trinkt sauren Wein mit den Schriftstellerkollegen, den Adoranten dieser Räuberei, des Diebstahls fremden Eigentums auf der Straße und anderswo. Schon vor drei Jahrhunderten warnte, wie bereits erwähnt, ein westlicher Reiseschriftsteller diejenigen, die nach ihm kämen, vor dem Stand der Dinge in Serbien: übernachtet, sagte er, nicht ohne Not unter den Serben, kehrt ihnen nicht den Rücken zu, das ist sehr gefährlich.

Dies kam mir, als ich es las, wie die übertriebene und mißmutige Beobachtung eines feinen Herrn vor, aber was ist zu den gegenwärtigen Räubern zu sagen, zu dem glühenden Serbenvolk mit kroatischen und bosnischen Kühlschränken auf dem Rücken, die jener Mann im Kopaonikgebirge erblickte und sich seiner Herkunft schämte, wie auch ich mich ihrer deshalb heute schäme. Nimmt jener transrationale Dichter aus Österreich, Sachwalter der aggressiven serbischen Politik, auch die Verantwortung für etwas von den Praktiken und Absichten dieser serbischen Räuber auf sich? Ich bin ohne alle Vorurteile in mein Land gekommen, einzig mit dem Wunsch, festzustellen, was gewesen ist und wie es gewesen ist, aber das, was ich dort angetroffen habe, ist nur ungeheueres Elend und Grauen, das sich die Menschen selbst zugefügt haben. Wen kann ich hier vertreten, wen in Schutz nehmen? Jeder von uns, aus der serbischen Nation, muß doch die Last des aus einem Haus in Zvornik oder Ćilipi geraubten Hausrats auf seinem Rücken spüren. Es gibt niemanden, der das nicht spüren müßte, und sei er auch ein europäischer Literat, der Herrn Handke durch die Morava-Klöster führt. So scheint es mir ein weiteres Mal, daß einzelne Ereignisse und ihre Folgen ihre Wurzeln oft in einem ganz winzigen Nest haben: heute, während ich im leeren literarischen Garten in der Francuska-Straße umhergehe, glaube ich, daß ich direkt auf diese Quelle trüben Wassers gestoßen bin.

Aufs neue kehre ich zu jener Siedlung an der Donau zurück, nach Dorćol, jenes Viertel in Belgrad, das einmal die Heimat jüdischer Händler, vermischt mit den nichtjüdischen Lehrern des nahen Gymnasiums, mit uns, den Schülern dieser Schule, mit den bescheidenen, an diese Mischung der Gewohnheiten, Kulturen und Bräuche gewöhnten Bürgern, gewesen ist. Nur ein paar Straßen oberhalb, wenn man zum Zentrum hochsteigt, weil man in Belgrad alle Augenblicke von irgendwo auf einen Gipfel steigen muß, steht die einzige übriggebliebene Belgrader Moschee, die in den Jahren der nationalistischen Diktatur teilweise verwüstet wurde. Das ist ein weiteres Ausrufezeichen zwischen jenen Straßen, die früher einmal fast wie tot wirkten – obwohl in ihren Nekropolen der Geist dieser Stadt geboren wurde –, und heute übertrieben lebendig sind, in der Art animierter Marionetten, des klirrenden neuen Lebens, ähnlich den Puppen auf Sizilien. Alles klirrt von diesem Theater der Gegenwart, und eigentlich neigt die ganze Population, die die dortige sizilianische Bühne ausfüllt, dazu, in der Ecke zusammenzusacken wie die Puppen, über die ich spreche.

Ich suche den Hang ab, der unten auf die Dušan-Straße stößt, durch die wacklige Straßenbahnen klappern, und oben an den Straßen des Zentrums endet, vor allem an der Knez-Mihajlo-Straße, ich versuche, das Haus meines verstorbenen Freundes, eines Fernsehregisseurs und wunderbaren Kochs und Liebhabers des Lebens, in dieser in vielem amateurhaften Stadt zu finden, nur um meiner Frau das Haus unserer einstigen, Jahrzehnte währenden Freundschaft zu zeigen, überreich an Einzelheiten, die zu erzählen fast nicht zu schaffen ist. In der Nähe praktizierte der Psychiater und Theaterregisseur Hugo Klajn, dort wohnte der klassische Dichter und Diplomat Milan Rakić, dann der surrealistische Poet Aleksandar Vučo, und direkt dazwischen leuchtete gelb das Haus meines Freundes Lule Stanković und seiner Mutter, die damals hundertundein Jahr alt war. Jetzt sind sie alle tot, und in dem Haus des Freundes residiert ein beliebtes Restaurant. Es heißt Jevrem, aber nicht nach dem verstorbenen Freund, sondern nach der Straße, in der es sich befindet, eigentlich nach dem Bruder des rabiaten serbischen Fürsten aus dem neunzehnten Jahrhundert Miloš Obrenović. Das Restaurant wird von sehr freundlichen und unternehmungslustigen jungen Leuten betrieben, und als sie von meinen Absichten hören, führen sie uns durch die Säle des Restaurants, damit ich mich einigermaßen orientieren kann, wo ich all die Jahre gesessen und dabei in den Büchern aus der Bibliothek des Freundes geblättert, mit ihm und seiner jungen Freundin geschwatzt, ein abgeschiedenes Leben gelebt habe, wie es das in den siebziger und achtziger Jahren des letzten Jahrhunderts an vielen Orten gab.

Dann denke ich, daß dies ein ganz annehmbares Schicksal für das Haus meiner Erinnerungen ist; lieber halte ich mich in einem vornehmen Restaurant auf, das auf bürgerliche Art, wie in der Mitte des letzten Jahrhunderts, eingerichtet ist, als daß die Erben meines Freundes ihr Haus als Bürogebäude an eine Tycoonbande vermietet hätten, es ist schöner, hier in der Ecke unter einer Uhr aus der Empirezeit zu sitzen, als daß in diesen Zimmern unserer Vergangenheit die Computer einer Firma rattern, die gestohlenes rumänisches Erdöl oder türkische Opiate verkauft. Ich atme noch ein paar Augenblicke lang die Luft jener Tage, wobei ich sie durch die Aura des damaligen Empfindens der Dinge, eines verkümmerten Temperaments wahrnehme und einsehe, daß ich in Wirklichkeit eine Enklave, eine Kapsel der Besonderheit schnuppere, in der wir lebten. Wonach ich auch heute suche. Denn auch jetzt lebt diese Belgrader Welt, die dabei ist, im Meer der Nichtigkeit zu ertrinken, bisweilen noch in irgendeinem Winkel, wie auf einer Insel der Ruhe. Vielleicht geschieht das überall, nur daß sie in unseren Ländern, die sich dieser Allgemeinheit des Lebens erst allmählich annähern, am sichtbarsten ist. Jene Überschwemmung der Gewöhnlichkeit und dieses Floß der Medusa, des Besonderen, von dieser Gewöhnlichkeit Abgespalteten! Ein Rettungsbrett finde ich auch in der Gospodar-Jevrem-Straße, im Haus meines verstorbenen Gefährten im Kampf für die Besonderheit des Lebens, das sich in ein vornehmes Lokal verwandelt hat.

Danach folgt der Aufstieg zum Plateau beim Nationaltheater und in die gesamte Theaterwelt. Um einige Vorstellungen des neuen Belgrader Theaters zu sehen, um ein paar überlebende Akteure der Schauspielkunst zu finden, mit denen ich zusammengearbeitet und Umgang gepflegt habe, um die Personen wiederzuerkennen, die Mitglieder meiner in die Weltrevolution verwickelten Familie gespielt haben. So treffe ich einen unechten Vater, eine gespielte Tante von mir, die anderen sind seit langem begraben, mitsamt der Bedeutung des Theaters Atelje 212, das den Ruhm des Belgrader Theaters in der Welt verbreitet hat. Dort, auf dem regelmäßig stattfindenden Theaterfestival der siebziger Jahre, sahen wir zum ersten Mal Grotowski, Krejča, Ljubimov, Nuria Espert und einen damals sehr bescheidenen jungen Autor mit Brille, Handke. Der sich im Hintergrund hielt, ein wenig erschrocken über seinen eigenen Erfolg und alles, was um ihn herum geschah. Erst viele Jahre später explodierte diese Schüchternheit in einer nie gesehenen Arroganz und einer Haltung, einer rückwärtsgewandten, im

Eintreten für das verknöchertste Verbrecherregime in Europa, wie es bis vor kurzem in Serbien herrschte. Er hat ebenfalls eine Reise durch dieses Land gemacht, wie ich es jetzt tue. Über das ich ebenfalls zu urteilen versuche, nur gerecht und wie es ihm gebührt. In diesem Gebäude also, wo ich weder eine Billeteurin noch eine Garderobenfrau, noch die meisten Schauspieler wiedererkenne, sind alle, mitsamt der Frau Intendantin, meinem Regisseur und den anderen, auf verdiente oder weniger bedeutende Grabstätten des Belgrader Friedhofs verstreut; dennoch spielt ein alter Freund, vielleicht der größte serbische Schauspieler von heute, Ljuba Tadić, auf dieser Bühne, wie es sich gehört, eine neue Version seines König Lear. Wobei er sich, wie nicht anders zu erwarten, größtenteils im Rollstuhl fortbewegt. Denn auch er, als Privatperson, ist schon schwach auf den Beinen, was er jetzt durch die Schwäche des gealterten Königs unmittelbar und wie es dieser Rolle zukommt interpretiert. Niemand anderer als Doktor Klajn, an dessen Haus ich eben erst vorbeigekommen bin, ausgerechnet er hat in einer Vorlesung vor langer Zeit erklärt, was geschieht, wenn ein Darsteller, der spielt, daß ihm das Herz wehtut, plötzlich selbst, als Privatperson auf der Bühne spürt, wie ihm der Atem ausgeht und der Kreislauf versagt. Jetzt macht Ljuba das deutlich: wie sich der alte König fühlt, wenn er, wie er persönlich, nicht mehr auf den Beinen stehen kann, sondern in einen Rollstuhl, für Invaliden, sinken muß. Darüber hinaus verkörpert er auch das Alter, das dieses ganze Land und diese ganze Stadt erfaßt hat, und erklärt uns, wie es ist, wenn ein fundamentales Altern und Altsein in die Knochen einer Nation kriecht. Vergebens rennen dann die Scharen junger Leute von Lokal zu Lokal, das Volk meines Landes sitzt im Rollstuhl, ist invalid, aber ob es sich daraus wie Lazarus erheben wird, hängt von ihm selbst ab. (Ljuba selbst brach, während ich dies hier Ende Oktober 2005 redigierte, vor seinem Haus zusammen und starb.)

Ich hatte nicht die Absicht, mich in offiziellen Einrichtungen des neuentstandenen Staates aufzuhalten, aber wir müssen eine Freundin finden, die im Außenministerium arbeitet, und so gehen wir in die Knez-Miloš-Straße, in ein riesiges klassizistisches Gebäude unweit des durch die Raketen der Alliierten teilweise zerstörten Generalstabs. Es gibt etwas Seltsames in der Vorhalle der Institution, die dieses Land mit der Welt verbindet, denn außer dem etwas unordentlichen und schmutzigen Marmorboden befinden sich dort seltsame Vorrichtungen zur Kontrolle der Besucher, ob wir eine versteckte Bombe bei uns tragen oder nicht. Solche Einrichtungen gibt es überall, auf internationalen Flughäfen und in den Büros vieler Staaten, dennoch ist das hier anders, es kam mir so vor, als wäre ich auf einen Markt in der Vorstadt geraten, zwischen Kioske, wo Wurst und Bier verkauft wird. Vielleicht liegt es auch nur am Material, aus dem dieser Sicherheitskiosk gemacht ist, bescheidene Latten, popelige Pappe, Nägel, die an der Seite hervorstehen, das scheint nur ein Zeichen von Mangel zu sein, vielleicht aber auch nicht. Weil das ganze Land in seiner neuen Phase Flickwerk ist, ein aus Latten und schlechter Pappe zusammengebastelter Kiosk, und sei im Inneren eine noch so moderne und teure Ausrüstung anmontiert. Deshalb betrachte ich lieber die Wände und die Decke dieser Eingangshalle, an der außer Spinnweben und schlechter Malerei Spuren des alten Ruhmes zurückgeblieben sind. Einer Zeit, als zwischen den Weltkriegen dieses vielen anderen ähnliche Bauwerk errichtet wurde, ein Wunder des damaligen Belgrads, in dem noch die an die Türkenzeit erinnernden ärmlichen Häuschen vorherrschten.

Überall auf der Welt gibt es ähnliche Gebäude, die mit ihrer Voluminosität, ihren herrlichen Dimensionen und ihren allgemeinen Proportionen den Wuchs des Menschen überragen, dies ist ein Drang der Baumeister aus den frühesten Zeiten jeglichen Bauens, von Ägypten bis Griechenland und bis zu den florentinischen Silhouetten. Dem konnte auch das kleine Königreich in Europa irgendwann um 1930 nicht widerstehen, und so baute es zwischen die der bescheidenen Bevölkerung entsprechenden Häuserchen den Steinblock eines Ministeriums, auf dessen Kuppel man irgendeine schlanke Göttin oder den Kriegsgott Mars setzte. Das sind Zeichen des überirdischen, fast himmlischen Elements des städtischen Lebens, die Symbolik einer verallgemeinerten Wirklichkeit, deren Ordnung das stille Leben, das in den Straßen kriecht, überragt; die Statuen, die man irgendwann in den Anfangszeiten des Bürgertums unseres Kontinents auf die hohen Dächer der europäischen öffentlichen Gebäude gehievt hat, gehörten zu den ersten Trugbildern und Phantasmen von uns, den Kleinsten, geboren in dieser Zeit.

Alles in allem versuchten die Gebäude, über die ich rede, den eigentlichen Zustand der Bevölkerung in dieser Zeit zu erhöhen und zu verherrlichen. Jetzt, wo man diese Herrlichkeit durch die Kioske im Innern gewissermaßen herabsetzt, wird vielleicht auf eine primitive und ungeschickte Art so etwas wie Gerechtigkeit in die Geschichte dieser Steine gebracht. Aber unterm Strich sind solche Ereignisse, solche baulichen, umwälzenden und unverhofften, wenn auf dem kahlen Brachfeld ein unerhörtes Gebäude emporwächst, doch das Pfand einer künftigen Epoche. Ich denke, so ist diese Stadt meiner Kindheit gewachsen, in der Zeit, von der ich rede, in einem Mosaik verschiedenster architektonischer Ideen, die die allgemeine Konzeption und den Sinn chaotisch durchsetzt haben, aber dennoch irgendwohin führten, vorwärts. Jetzt ist es das, was wir noch haben, was aus den alten Zeiten übriggeblieben ist, nur etwas herabgewürdigt durch die allgemeine Armut, Vernachlässigung und Lethargie, die ganz und gar serbische. In Anbetracht dessen, daß dieses Volk immer im Kopf hat, daß es schon irgendwie gehen wird, ob es nun dies oder das tut. Unter diesen Menschen gibt es fast keine kosmische Angst, keine urwüchsige Furcht vor der Zukunft, diesen Menschen scheint lediglich, daß die Gegenwart nicht so ist, wie sie sein sollte, aber das heißt nicht, daß man den morgigen Tag durch einen besseren Plan vorbereiten müßte.

Ein alter, seit Jahren im Westen ansässiger Freund erinnerte sich an seine in Belgrad verbrachte Jugend, an die Schulfreunde, die hiergeblieben sind und ihr Dasein in Mittelmäßigkeit und ohne große Ambitionen fristeten, aber immer noch am Leben sind. Er sagte, man könne in dieser Stadt nicht hungrig bleiben, selbst wenn man faul und unordentlich sei und ein ganz legeres Verhältnis zur Arbeit habe. Weil immer eine Tante existiert, die dir ein Stück Brot mit Marmelade geben wird, bei der du auch übernachten kannst, du leihst dir vom Nachbarn ein paar Dinar für ein Bier, wenn du sie auch nicht zurückgibst, beim Bier sitzen und den Sportteil der Zeitung lesen – das war es, womit so viele junge Menschen in den verschiedensten Perioden ihre Tage füllten.

Keiner von ihnen endete im Armenhaus, diese ganze von Elend betroffene Klasse überlebte alle historischen Umbrüche, falls nicht jemanden ein Herzschlag wegen übermäßigen Alkohols hingerafft hat, der Kreis ist größtenteils komplett, und Sportereignisse, deren Ergebnisse diese Leute am liebsten verfolgen, gibt es in den seltsamsten Zeiten. Mich fragte dieser Freund, der sich mit orientalischen Sprachen befaßt und auch etwas vom Verhalten im Orient versteht, er fragte mich, trotz seines ganzen Wissens verwundert: ob es denn in der Welt noch eine Population mittelalter, mittelgebildeter und einigermaßen gut situierter europäischer Bürger gibt, die in einem solchen Ausmaß Sportberichte verfolgt und in ihrem aparten Gehirn vermerkt, wer im fernen Jahr 1928 auf der Olympiade in Amsterdam den 110-Meter-Hürdenlauf gewonnen hat und wer beim Schwimmen in der und der Disziplin, in einem ähnlichen Fall, in Melbourne. So sitzt meine oder meines Freundes Klasse noch immer über die Belgrader Kneipen verteilt, arbeitet nichts, denkt nichts, liest nichts, mit Ausnahme dieser epochal interessanten Rubrik, des Sportteils, in der Zeitung.

Viele solcher Individuen sitzen verstreut an den Kneipentischen entlang der Straße, die zum legendären Markt Zeleni Venac führt. In meiner frühen Jugend habe ich gegenüber von diesem Markt gewohnt, er wurde irgendwann zwischen den Weltkriegen erbaut, in einem verrückten Stil, einem fast japanischen. Dort erheben sich komische Pagoden, als würde an dieser Kreuzung ein Film über Dschingis Khan gedreht, aber eigentlich bringen die jungen Frauen von der anderen Seite der Save, aus den umliegenden Sremer Dörfern, seit Jahrzehnten ihren Käse, ihren Rahm und allerlei Grünzeug her, um diese Ware, frisch, gesund und köstlich anzusehen, meiner verstorbenen Mutter und heute auch uns anzubieten. Die Belgrader Märkte, nicht nur ein Fest der Köstlichkeiten, sondern immer auch ein aktueller

Versammlungsort des städtischen Publikums, sind eine zweideutige Institution, wo man den Warenaustausch vornimmt, und danach tauscht man dort auch Ideen, Nachrichten, Sinn und Unsinn, Worte, Worte, Worte aus. Ein Theater. Dort geht zwischen den Ständen ein Mann umher, in Partisanenhemd, mit Titokappe auf dem Kopf, fünfzakkiger roter Stern, Hammer und Sichel, für ihn ist die Weltrevolution mitnichten zu Ende. Andere tragen Bärte wie die Četniks. Neben einer Verkaufsstätte für Frühlingszwiebeln, Sahne und Käse ist der Zeleni Venac auch eine Rekonstruktion des Treffens von Dayton, wo die Vertreter entgegengesetzter Auffassungen und Ambitionen vor zehn Jahren den Waffenstillstand zwischen den kriegführenden Parteien unterschrieben haben. In meiner Kindheit war der interessanteste Marktstand der eines Mannes, der mit einer Wundermasse zerbrochene Teller klebte. Ich weiß nicht, ob man den blutigen Bruch in der Küche meiner Heimat, bei dem im Haus nacheinander alles kurz und klein geschlagen wurde, mit irgend etwas reparieren, heilen, kitten kann. Denn auch dort, auf dem Bachtinschen Marktplatz, der das Vergnügen von Kauf und Verkauf vorsieht, ein Karneval, auf dem sich Mensch und Natur in ihren irdischen Nahrungsmitteln treffen, gibt es viel Lärm und Wut.

Der Charakter der Menschen hier, in dieser für ihre freundlichen, fröhlichen und herzlichen Personen bekannten Stadt, hat sich verändert. Heute ist es schwer, einen Laden ohne grimmige Verkäuferinnen, barsche Geschäftsführer, ohne allgemeine Grobheit, verbale, zu finden. Ein knolliger Halbbauer auf diesem mythischen grünen Markt – und solche, von den Stadträndern, die nicht wissen, was sie eigentlich sind, sind in allem am schlimmsten – möchte Lidija nichts verkaufen, er läßt sie nicht in seiner Ware stöbern. Das sind die kurz angebundenen Leute, deren kleinstädtischer Schorf sehr leicht abfällt, und unter der Haut bricht das Heiduckenblut und die wölfische Herkunft hervor, das Böse hält sich in jedem bereit.

Mir passiert etwas Ungewöhnliches. Großenteils finde ich Menschen wieder, an denen mir etwas liegt und denen, hoffe ich, etwas an mir liegt. Es gibt allerdings Ausnahmen. In dieser Stadt gab es sehr nahe Personen, solche, die sich um meine Manuskripte kümmerten und um deren Leben ich mich ebenfalls kümmerte, und jetzt, wo ich an sie heranzukommen versuche, ist es, als wäre eine Barriere aufgetaucht. Der eine hat eine neue Telefonnummer, die andere ist krank. Das habe ich schon in Sarajevo erlebt. Eine junge Frau, die während der Belagerungszeit tapfer unter den Granaten, die von den umliegenden Bergen fielen, ausharrte, Berichte über den Sarajevoer Widerstand veröffentlichte, Verbindung zur Außenwelt hielt, überallhin schrieb und um Hilfe rief, das war die Stimme, die auch zu mir drang und der ich treu antwortete, also dieses schöne Mädchen, Kämpferin für dieses bißchen bürgerlichen Geist, den unentwegt irgendwelche Artilleristen bedrohen, diese Orléanserin einer Stadt im Würgegriff, deren Körper und Seele sich langsam erholen, fand keine halbe Stunde Zeit, um sich mit mir, nach allem, was geschehen war, in ihrer Stadt zu treffen. Ich denke über viele profane Umstände nach, möglicherweise verübeln mir einzelne Leute aus meiner Vergangenheit mein neues Leben, wer weiß, denn nicht ich fliehe vor solchen Personen, sondern diese scheinen mir aus dem Weg zu gehen. Weil ich nicht nur in einer anderen Beziehung lebe, einer erotischen, sondern auch in einer völlig anderen Ehe, weil ich einer anderen Umwelt angehöre, so wie man einer Frau angehört. Und es kommt mir so vor, als wäre ich zu einem Treffen mit meiner ehemaligen Geliebten gekommen, aber da diese, also mein Land, weiß, daß ich mich mit der anderen, einer Region im Norden, sehe, geht sie mir ein wenig aus dem Weg und vermeidet es, mich zu treffen. Auf diese Weise erscheint mir diese private Geschichte wie eine Metapher. Und wenn die junge Frau, die ich nach vielen Jahren treffen möchte, um mich bei ihr dafür zu bedanken, daß sie dort, in der umzingelten Stadt, ihr Feuer, ihr Vestalinnenfeuer, aufrechterhalten hat, ist mir, als spähte sie hinter dem Gitter ihres bosnischen Mädchenzimmers hervor, aber heraus in den Hof, zum Brunnen kommt sie nicht. Obwohl ich auf meinem Pferd bin, ein Reisender und Durchreisender, ein temporärer Bewohner ihrer Straße, ein zufälliger Gast, der nichts von ihr will, außer einem Händedruck aus der Ferne. Denn ich kann meiner Heimat nicht mehr den Hof machen, ich versuche auch nicht, auf irgendeine Weise um sie zu freien, sie ist mit einem anderen verheiratet, für immer. Was ich im Sinn habe, ist ja nur, ihr ins Gesicht zu sehen und zu schauen, ob sie in der Zwischenzeit ein wenig älter geworden ist. Das geht mir bei diesem Selbstgespräch, über Sarajevo und Belgrad, im Kopf herum, warum sich einzelne Geschöpfe von mir abwenden und in die Ecke zurückziehen, wie wenn der einstige Freier oder der Junge in der Geschichte eines Mädchens von irgendwoher zurückgekommen ist, sie aber schon mit einem anderen Mann lebt. All das sind Phantasmen eines Schicksals, eines Asylanten- und Verbanntenschicksals, die versuchen, aus diesen Schicksalen eine leidliche Geschichte zusammenzuflicken, eine überwiegend chaotische. Denn diese beiden Frauen, jene aus Sarajevo und die andere, die in Belgrad lebt, sind ebenfalls zwei einsame Geschöpfe, die sich aus ihrer Zugehörigkeit, ihrer nationalen, nicht das geringste machen, so daß sie mehr mir selbst und meinen Umständen gleichen. Und doch hindert sie etwas daran, mich zu sehen, als würde diese Begegnung etwas Anstößiges in sich bergen. Was vielleicht nur natürlich ist. Weil auch Odysseus in die Welt hinausgegangen ist und sich auf den Krieg herausgeredet hat, den er führen mußte, aber vielleicht hatte er nur in seinem Herzen eine würdige Art gefunden, wegzulaufen von zu Hause und von den Seinen in diesem Haus. Es kommt öfter vor, daß der Mensch sich auf einen allgemeinen Grund, einen gemeinsamen und erhabenen, herausredet, wenn er eigentlich nur den Drang hat, sein Leben und die Umstände, die ihn umgeben, zu ändern. Diese junge Frau in Sarajevo, sagt man mir, hatte durchaus den Wunsch, mich zu treffen, sie war sogar schon dorthin unterwegs, wo ich mich aufhielt, aber dann hat sie ein Zufall davon abgehalten, jemand hat angerufen, etwas mußte eilig erledigt werden, ihre Mutter ist krank geworden oder wer weiß was, und ihr starker Wille wurde behindert, wie es dem menschlichen Leben ununterbrochen passiert, daß es behindert wird. Weil dieses Leben nicht imstande ist, sich unbehindert abzuspielen, sondern im Gegenteil, es kämpft sich immer nur gegen Behinderungen, gegen Barrieren und Hürden durch, ungewiß wie. Damit reihen sich meine Phantasmen und meine Selbstbefragungen aneinander, weshalb jenes Wesen, das mir nahestand, jahrzehntelang, sich jetzt vor mir zurückzieht, bisweilen sogar auf eine »unbewußte« Art. Aber den Grund, sich nicht mit mir zu treffen, vermag es weder mir noch sich selbst zu erklären. So kann ich nichts anderes tun, als mir die Leben dieser meiner Bekannten und Freundinnen vorzustellen, ihren Tagesablauf in einer sehr schweren Zeit, beherrscht von Mangel, einem anfangs materiellen, dann von dem anderen, unvergleichlich schwereren, der Unbefriedigtheit der geistigen Bedürfnisse. Zu allem kommen noch Knochenschmerzen, Gicht und der schlechte Zustand der Augen hinzu, in diesen fünfzehn Jahren, in denen ich einige dieser Leute nicht getroffen habe, sind unsere gemeinschaftlichen Augen schwächer geworden, so viele Brillen haben wir gewechselt, und dennoch gehen wir wie die Blinden in Gaza durch die Welt und haben immer mehr Mühe beim Lesen. Aber das Lesen ist, meine ich, der wichtigste Posten des Lebens hier, das Alleinsein mit Büchern und mit fremden Gedanken, ohne diejenigen zu sein, die wer weiß wohin gegangen sind. Wenn man alles zusammennimmt, ist die Bevölkerung dieser Stadt immer ärmer geworden an den mentalen Verbindungen, die sie zur Welt hatte. Es kommen auch jetzt Personen aus Fernen jeder Art, halten sich dort ein paar Tage auf, aber es wirkt eher so, als wäre die reiche Verwandte mit ein paar kleinen Geschenken im Korb vorbeigekommen und kehrte schnell dorthin zurück, woher sie gekommen ist, in ihr Haus, in die Welt, während sie dort, wo sie sind, diese Schokostückchen des Sinns und der Gründe und Ideen verzehrend, wiederum bleiben, was sie waren, arme Leute aus der Vorstadt, der Teil der Familie, der schlecht weggekommen ist. Daher überspringt möglicherweise jemand eine solche Begegnung.

Besonders bedaure ich, eine feine alte Dame, Russistin, Übersetzerin und Lektorin nicht getroffen zu haben, die einst Kontakt zu Nadežda Mandel'štam hatte, ungeachtet der Spitzel rings um deren Moskauer Haus, die Zeichnungen von Puni und Malevič besitzt und die in ihrem Käfig von Belgrader Wohnung niemanden empfängt, den Telefonhörer nicht abnimmt, sich selbst in ihr elendes Leben einmauert wie die junge Gojkovica. Deren Schicksal, wie es in der serbischen Volkspoesie heißt, dem Bau der Festung von Skadar an der Bojana nützte, aber wozu ein solcher freiwilliger Verzicht auf die Berührung mit Menschen, auf das Leben? So ist es mir nicht gelungen, die Barrieren zu überwinden, die sie um sich herum aufgebaut hat, oder ich wollte es nicht. Weil ich niemandes Leben stören möchte, nicht einmal bei jenem, was in diesem Leben schlecht ist, jeder muß nach seiner Fasson existieren, zu meinem größten Bedauern.

Gerade in diesen Tagen trifft ein alter Freund, der in Bosnien geboren wurde, aber den größeren Teil seines Lebens in Belgrad verbrachte, Vorkehrungen, in sein Geburtsland zurückzureisen. Er war lange in dieser Stadt und verstand zu Beginn des Krieges nicht, daß er der falschen Nation entstammte. So fristet dieser Mann fünfzehn Jahre lang in einem mit Mühe und Not erlangten Zimmerchen sein Dasein, pflegt Umgang mit den wenigen Freunden, die sich nicht vom Nachzählen der Blutkörperchen haben anstekken lassen, doch jetzt – jetzt hat er genug von allem, geht dorthin, von wo er vor fast einem halben Jahrhundert gekommen ist. Ich stelle mir vor, wie sich ein solches Geschöpf in seinem Käfig fühlen kann, der zwar kein Gefängnis ist, aber auch nicht unbedingt ein Stückchen Freiheit, sondern etwas zwischen beidem. Wo dann nur die Sorge um das nackte Leben bleibt, wie um ein Vögelchen. Das uns durchs Fenster zugeflogen ist, jetzt ist es da, und es ist an uns, es zu pflegen und zu behüten. Ich stelle mir vor, was für eine Mühsal es ist, diese einzigartige Erscheinung zu haben, die des eigenen Lebens, das bei uns sein muß, solange wir sind, aber wie wir es bewerkstelligen, daß es auch bei uns bleibt, ist unbekannt. Wie auch ein einzelnes Segment dieser Existenz, sagen wir die Hand, dem Menschen großen Kummer bereiten kann, was mit ihr machen und wie, wo sie hintun beim Schlafen und überhaupt, kann uns irgend jemand beibringen, was wir mit der eigenen Hand anfangen sollen? Das wäre ein eigener Roman, dieses Leben, dieses einsame, an einem Ort, wo sie dich als Eindringling und als Fremdkörper betrachten – hätte diese empfindsame Person nur ihre Tage und Nächte aufgezeichnet, in einer Stadt, okkupiert von einer krankhaften Idee. Aber da sie eher zum Stillsein, zum Schweigen und zu den seltenen Begegnungen mit nahestehenden Menschen neigte, müssen wir diesen Roman entbehren, leider. Nun, da er in aller Eile packt und sich auf die Rückkehr vorbereitet, sagt er zu mir, ihm sei weder nach Gehen noch nach Bleiben zumute, für ihn liege in keiner dieser Möglichkeiten Glück. Denn das ist ein allgemeines Gefühl vieler Menschen, daß sie nicht wissen, ob sie hierher oder dorthin wollen, als wären sie an einer Kreuzung und mitten auf dem Weg stehengeblieben. Da stehen sie, an dieser Kreuzung von allem, an diesem Riß des eigenen Schicksals und des ganzen Landes. Das ja selbst an die Kreuzung seiner Geschichte geraten ist und nicht weiß, wohin.

Diese Stadt hat viele Viertel, die sehr weit auseinander liegen, manche dieser Gegenden kann man nur mit dem Taxi bewältigen. So steigen wir alle Augenblicke in eins dieser Fahrzeuge, die in der Regel schäbig sind, als wären wir in Marokko. Die Fahrer sind ein Kapitel für sich. Obwohl sie aufgehört haben, ihre Parteizugehörigkeit durchblicken zu lassen, ihre nationale Zugehörigkeit verleugnen sie nicht. So stört es sie, wenn Sie die schauderhafte Musik stört, deren Trance, eine beinahe orientalische, sie besonders genießen. Daß sie diesen Ohrenterror wenigstens ein bißchen leiser stellen, ist das Höchste, was man erreichen kann. Dann spielen sich auch Szenen ganz im Geiste des Papa Ubu oder einer anderen surrealistischen Komödie ab. Plötzlich hält ein zweifelhaftes Frauenzimmer unser Fahrzeug an, obwohl es offensichtlich ist, daß wir schon irgendwelche Kunden sind, und das Taxi besetzt ist. Trotzdem nimmt der Fahrer den Gast auf, von dem ich zuerst glaube, es handle sich um seine Frau, Freundin, Verwandte, wie sich herausstellt, gefällt es dem Fahrer nur, daß sie ihm Gesellschaft leistet. Uns beide auf dem Rücksitz beachten sie nicht, ihr Gespräch ist voll zweideutigen Humors, womöglich kümmert auch unsere Richtung keinen mehr. Zum Glück führt der Chauffeur eine Art Doppelleben, uns fährt er zu der verfluchten Buchhandlung, wie wir verlangt haben, danach setzt er sein Privatvergnügen in Richtung der nächsten Kneipe fort.

Die Buchläden im heutigen Belgrad sind nicht mehr das, was sie in der Zeit meiner Kindheit, in meinem ganzen späteren Leben waren, ein mythischer Ort mit der Buntheit tausender Titel, mit einer besonderen Stimmung und mit einem Publikum, das dort auch ein spezielles ist. Die Buchläden heute, in dieser Stadt, bedeuten ein Getümmel von undurchsichtigen Personen, überwiegend jungen, die in den Schachteln mit Musikaufnahmen wühlen, da und dort greift eine alte Dame nach irgendeinem Band transrationaler Paraliteratur über mexikanische Hexer, tibetische Mantren, die Träume von Filmdiven, außerdem weiß man in einer Buchhandlung, einer Belgrader, heutigen Typs nicht, wo was steht. Es gibt keine bestimmte Anordnung der Ausgaben, selbst dort nicht, wo Abteilungen bestehen, alles ist in dem gleichen Durcheinander wie der Rest des Belgrader Lebens, ihr ganzes Dasein hat seine Rubriken, seine Fächer verloren, der Inhalt auf den Regalen ihres Schicksals ist ungeordnet und durcheinander. So sind mir die wilden Buchverkäufer auf den Straßen am liebsten, die das, was sie haben, in Pappschachteln ausstellen, als verkauften sie chinesische Puppen, dieser angenehme Alptraum erinnert an die weise Unordnung der Bouquinisten. Denn in diesen Stapeln ist alles gleichberechtigt, in ihnen gilt die Sonderrolle für die Biographien bekannter Kriegsverbrecher, die den wichtigsten Posten auf jedem Belgrader Bücherverkaufstisch ausmachen, nicht. Ich stelle mir vor, wie man in deutschen Buchhandlungen auf ein Handbuch Himmlers »Wie ich die Juden vergaste« reagieren würde; hier werden die Bekenntnisse und die in Romanform verfaßten Biographien serbischer Generäle, die sengend und brennend in Bosnien gewütet haben, sehr hochgehalten, das ist eine richtige Fachliteratur, in der auf romantische Art das Handwerk des Mordens dargestellt wird. Die Buchläden meiner Vergangenheit haben ihre Bestimmung verloren, daß man dort in Neuerscheinungen blättert, Autoren trifft – manchmal kam im Buchladen in der Mitte der Knez-Mihajlo-Straße Ivo Andrić vorbei, bisweilen ein Dichter oder Kritiker. So ein Ort existiert heute noch immer, in derselben Straße, wo in einer Art Comptoir einige führende Köpfe der serbischen Feder sitzen, die sich um die Veränderungen verdient gemacht haben, im Buchhandel wie auch in den anderen Bereichen. Dort möchte ich nicht gern hineingehen, ich meine, man träumt dort auch nach allen verlorenen Schlachten dieser Herren noch immer die Träume von neuen Unternehmungen zum Heil des geschlagenen und erniedrigten Landes Serbien. Denn in solchen engen Räumlichkeiten wurden Pläne geschmiedet, immer gegen andere Völker gerichtete, im Feuer einer alten Krankheit, der Lungenpest des Nationalismus. Diese Leute kommen mir manchmal wie Reisende vor, die sich in den Tropen mit einer exotischen Krankheit angesteckt haben und die später ihre Malaria ein ganzes Leben lang mit Chinintabletten behandeln, unsere glühenden, von der Nation entbrannten Leute sind Teil einer dauerhaft infizierten, unheilbaren Bevölkerung. Als bedeutete diesen Brandstiftern die Gegenwart der Bücher nichts, ihre Zusammenkünfte, ihre langjährige Vereinigung gegen den Rest der Welt ist eins der größten Paradoxa: Warum haben sie sich nicht in Tischler- oder Schlosserwerkstätten versammelt, dem beliebten Treffpunkt der Kommunisten, in Holzhandlungen, Schuppen und unter Brücken, sondern ausgerechnet in Buchläden! Wodurch sie ihr eigenes Umfeld beleidigen, die Tempel des Lesens in Ställe und billige Märkte verwandeln, mit denen schon der asthenische Jesus fertigzuwerden verstand. Die biblische Prosa belehrt diesen Pöbel, der sich bei allem für prophetisch hält, allerdings nicht. So werden in den Winkeln des Belgrader Buchhandels noch immer die trivialen Glasperlen einer Ideologie weiterverkauft, einer gebrandmarkten und entlarvten. Ob Herr Handke auf seiner Pilgerfahrt wohl in einem dieser Ställe eingekehrt ist?

Ich zerbreche mir den Kopf über den Buchhandel als Gewerbe und über die Buchhandlungen als Orte der Kultur, verwandelt in Selbstbedienungsläden, in denen man unkultiviertes Obst, Lebensmittel, deren Haltbarkeitsdatum abgelaufen ist, als ungesund und schädlich gekennzeichnete Nahrungsmittel verkauft. Zum Glück vergrößert sich mein Bücherpacken in Belgrad trotzdem, er stammt überwiegend aus den Kartons auf den Straßen, in denen ich gestöbert habe, dann sind Ausgaben dabei, die mir ihre Autoren als Wegzehrung geschenkt haben. Als hätten unsere Großmütter ein Bündel für uns vorbereitet, aus dem wir im Zug die belegten Brote und ein Stück Huhn hervorholen werden. Weil unsere Reise lang ist und Jahrzehnte dauert, so kommt mir diese in der Vergangenheit, in meiner und der meines Landes, verbrachte Zeit vor. Jetzt müssen wir ein bißchen zu Fuß gehen, um so einen Vorfall wie gerade eben, im Taxi, zu vermeiden. Noch lange fragen wir uns, was wir da erlebt haben, ob derartige Praktiken in der Hauptstadt eines europäischen Staates üblich sind oder ob alles nur der Traum eines Narren war, in dessen Kopf wir waren. Aber wir fahren ohnehin schon seit Tagen mit diesem verrückten Verkehrsmittel, in das alle Augenblicke irgendwer einsteigen kann, es gibt dabei keinerlei Gesetz, keinerlei Regeln, entscheidend ist nur die mächtige Fröhlichkeit der Menschen um uns herum, ihre lärmende Energie, ihre Rücksichtslosigkeit den anderen gegenüber, ihr ungezügeltes Glück. Vielleicht liefert diese Szene, im Taxi, die ohne Vorwarnung, ohne Entschuldigung, ohne Erklärung abgelaufen ist, eine Deutung für alles, was dort geschieht: daß es möglich ist, einen Zug auf offener Strecke anzuhalten, alle Vertreter eines fremden Glaubensbekenntnisses herauszuholen, sie im Graben niederzumachen und weiterzufahren. Wie unser Chauffeur mit seiner neu gewonnenen Freundin weiterfuhr, im Glück und mit einer Fröhlichkeit, einer kneipenmäßigen, karnevalistischen, grinsenden und lebensgefährlichen. Denn auch dieses Mädchen im kurzen Rock kann morgen plötzlich mit durchgeschnittener Kehle im Košutjnakwald entdeckt werden, oder der Fahrer wird an einer seichten Stelle im Wasser der Save gefunden, mit aufgeschlitztem Bauch und leerer Brieftasche. Weil die Reihenfolge der menschlichen Handlungen verlorengegangen ist, der Stundenplan des Menschen und sein ordentliches

Benehmen, die chaotische Szene mit dem Taxi zeigt, daß alles möglich ist, in kleineren oder größeren Ausmaßen. Daher ist das Gedicht von Borislav Radović über eine nicht vom Schnee geräumte und unbegehbare Straße in Belgrad wertvoll. In der nur eine alte Frau gegen alle Widrigkeiten beharrlich mit einer Schaufel auf das Eis klopft: bis zum letzten Schnee unbeirrbar in ihrem Glauben, daß es noch einen Staat und eine Ordnung gibt. Deshalb müssen wir uns um so mehr an die Ordnung halten, an die in jener gastfreundlichen Wohnung vereinbarte, etwas steife, nicht unbedingt immer bequeme, aber mit den Parametern, wie sie das Leben, das bürgerliche, selbst jenes in der Zeit von Titos Sozialismus hatte. Denn dieser Machthaber pflegte die Gewohnheiten eines Bonvivants, und etwas davon übertrug sich auch auf den Rest, zu seiner Zeit fielen keine Huren in ein bereits besetztes Taxi ein.

Große Neugier führt uns daher an einen Ort, den ich nie zuvor gesehen habe, ins Haus der Blumen, ein Steinbungalow, in dem sich Titos Grab befindet. Als ich das später meiner Enkelin Svetlana, Kardiologin und Kämpferin für die Menschenrechte, erzähle, lächelt sie nur müde. Es war an Titos Geburtstag, und an diesem ansonsten verödeten Ort – wie eben ganze historische Perioden nach einer gewissen Zeit veröden – finden wir an diesem Tag dennoch ein kleines, aber ganz seltsames Volk vor: Leute in bescheidenen Anzügen, Gottesnarren in T-Shirts mit projugoslawischen Aufschriften, halbbetrunkene Bergbewohner, vielleicht Briefmarken- und Ansichtskartensammler, Esperantisten, slowenische Radfahrer, Roma, Kinder aus der Nachbarschaft. Auf den ersten Blick scheinen nur Automechaniker, Friseurinnen und Portiers im Ruhestand das Andenken Titos zu bewahren. Das täuscht wahrscheinlich. Denn auch die anderen, das Nichtfriseur- und Nichtmechanikervolk, die meisten Leute in der Stadt sind heute gekleidet, als hätten sie sich in diesem Augenblick die Hände von der schweren Arbeit abgewischt, die erstbeste Jacke vom Kleiderhaken genommen, um zu dem posthumen Bankett, dem von Tito, zu rennen. Wir alle sind Automechaniker einer Zeit, in der es am ramponierten Automobil unseres Schicksals so viel zu reparieren gibt, wir alle müssen über kurz oder lang unsere Frisuren in Ordnung bringen, uns wenigstens kämmen, wie es sich für eine bevorstehende Periode gehört. Deshalb führt die bunte Versammlung um das Grab des Staatsmanns zuerst die Einsamkeit seiner Anhänger vor und danach auch den wahren Stand der Dinge: die Bescheidenheit, in der die Menschen meiner Stadt leben. Wo sind sie, frage ich mich, die Belgrader Bürger, wie ich sie in Erinnerung habe, wohin sind sie in der Zwischenzeit verschwunden? Denn dieses Publikum in den Straßen, in den Läden und in den Verkehrsobjekten, das sind völlig andere Leute, Menschen, die der Stadtbevölkerung von früher kaum ähneln. Als hätte sich das ganze Volk, das Belgrader, jenes, das ich einmal kannte, in die Tiefe seiner Wohnungen zurückgezogen, wo es nur manchmal herausguckt und nur mit großer Vorsicht. Und die Straßen, Plätze und öffentlichen Orte sind einer Mischung von buntscheckigen Jugendlichen, Müßiggängern, zufälligen Passanten, eventuellen Touristen und Neugierigen, arbeitslosen Flüchtlingen überlassen, jener Masse, die eigentlich gar keine richtige Beziehung zu der Stadt hat, in der sie ist, vielmehr ist sie dort wie auf einer Bühne, in einem angewandten Raum, einem symbolischen und metaphorischen.

Vielleicht hat jede Stadt diesen metaphorischen und übertragenen Sinn, trotzdem ist das Belgrad, das ich heute vorfinde, etwas Unreales, ein für vieles offener Raum, außer für das Grundlegende, das Leben seiner Bürger. Denn diese sind auf dem Rückzug, sowohl vor dieser Stadt als auch vor ihrem eigenen Leben, wie sie es in früheren Zeiten führten. Es gab in jener langen Epoche des sozialistischen Reiches so dies und das, und darüber müßte man ein gesondertes Buch machen, aber auch ein solches Leben damals hatte ein System, wie grau auch immer, manchmal düster und deprimierend, aber bei allem ein »systematisches System«. Heute bewegen wir uns indes in einer dezentrierten Stadt, die ihre Achse verloren hat; was geht eigentlich in ihr vor? Das ist auch für viel »normalere« Verhältnisse eine schwere Frage, womit ich nicht sagen möchte, ich sei in ein Irrenhaus geraten. Und doch wirkt etwas in der Ordnung des heutigen Belgrad, im Tagesplan und überhaupt, irgendwie verdreht und verrückt.

Als wäre jene Saat des Surrealismus von vor acht Jahrzehnten endlich aufgegangen. Ich erinnere mich an die verrückten Gedichte von Aleksandar Vučo und Marko Ristić, die zur Schaffung eines neuen Geistes bestimmt waren, eines destruktiven, aber für die Jahre des Widerstands gegen den in Europa vordringenden Faschismus eigentlich kreativen. All das ist jetzt die Klassik unserer Moderne, aber darüber hinaus hat sich der Dadaismus oder Kubofuturismus meiner geistigen Vorfahren heute fast prophetisch bewahrheitet: *wenn sie ihn leicht knuffen, beginnen sie zu verpuffen!* Diese Übersetzung gibt es nicht, die die ganze kreative Destruktivität dieser zur Aufschreckung des allzu stillen Bürgertums bestimmten Poesie beschwören könnte. Es schläft heute tiefer denn je, und seine ganze Welt ist in einer trivialen Alltäglichkeit ohne Geist und Sinn versunken. Es brauchte eine ungeheuere Anstrengung seitens der herrschenden Nationalisten, die nach Tito ein Land an sich gerissen hatten, um es durch den Fleischwolf zu drehen, nur um daraus für die eigenen Zwecke ein Festmahl vom Rost zu bereiten. Jetzt sind wir da, in der zu Ćevapčići und Ražnjići kleingehackten Stadt, und zwar nicht nur an Orten, wo diese Speisen, sehr wohlschmeckende, angeboten werden. Auch der Rest des Lebens ist in diesem Maße zerstückelt, daß man seinen Sinn nicht sieht, deshalb bleiben die Menschen, die skeptischen, vernünftigen und leider schon alten, in ihren Häusern und überlassen eine anziehende, bisweilen hinreißende Stadt den anderen.

Unlängst hat der junge Schriftsteller Vladimir Arsenijević einen Satz ausgesprochen, den ich in meinem Alter nicht aussprechen würde. Ich glaube, sagt er, den jungen Leuten nicht. Das ist ein schrecklicher, tragischer Befund. Ich hatte ebenfalls sehr lange, solange ich selbst jung war, den Verdacht, daß unreife junge Menschen, die noch keinen eigenen Ausdruck erwerben konnten, überwiegend in konventionellen, stereotypen Floskeln sprechen – für eine subjektive, selbständige Ausdrucksweise braucht man Zeit. Ich schweige über alles andere, was man den jungen Menschen anlasten könnte, mögen sie selbst darüber sprechen, dieser auserlesene Teil von ihnen, der, wie Arsenijević, schon reif genug ist, um es zu verstehen. Die Jungen halten Belgrad heutzutage besetzt, es reicht schon, wenn man gegen Ende der Woche an einem frühen Sommerabend ins Zentrum vordringt. Zuerst kommt es einem so vor, als handelte es sich um ein Meeting, eine Protestversammlung, eine Demonstration. Aber nein, das ist die übliche abendliche Art einer Generation ohne reichere Ideen, ohne größere Ambitionen, ohne Sinn, sich auf der Straße aufzuhalten. Die älteren Menschen, in einer deutlichen

Minderheit, können hier durchgehen, niemand wird sie eigens mit dem Ellbogen stoßen oder ihnen irgend etwas zuleide tun, aber sie haben dort nichts zu suchen, die Stadt ist in fremden Händen, gehn wir schlafen!

Ich verstehe, daß sich diese Periode in eine Zwischenzeit verwandelt hat. Die aggressive, militante Diktatur des Nationalismus ist weitgehend gefallen, und dennoch ist ihre elementare Frucht zurückgeblieben: die ruinierte Art des Lebens, aus dem jeglicher Sinn und Inhalt beseitigt ist, vernichtet ist jedes geistige und moralische Konzept, jeder Maßstab – was vor uns steht, ist eine Ansammlung von Zufälligkeiten, erstbestes Dasein, Dauer von heute auf morgen. Aber ich bin sicher, daß in diesen verborgenen Alveolen der Privatwohnungen, der kleinen Gemeinschaften und intellektuellen Zirkel eine Pflanze wächst, bestimmt für andere Zeiten und Menschen, die erst noch geboren werden müssen.

In diesem Sinne bewegen wir uns auf diesem Friedhof der Erinnerungen und bemühen uns um die Blume, die dort sprießen soll. Beweise dafür sind an wertvollen Plätzen aufbewahrt, einer davon ist das Privatarchiv des Baumeisters, Dichters und Kämpfers für eine offene Gesellschaft Bogdan Bogdanović. Er lebt heute in Wien, aber seine Frau ist zufällig in Belgrad, sie lädt uns in die Belgrader Wohnung ein, die sich in ein geistiges Versteck einer überreichen Geschichte, in ein Museum von Bogdans Leben verwandelt hat.

So kann man sich nur noch in der Zagreber Dachwohnung von Vera Horvat Pintarić fühlen, der größten kroatischen Kennerin der Kunstgeschichte. Unter jener Kuppel gegenüber der ehemaligen Universitätsbibliothek und dem gelben Theatergebäude. Wo Jahrzehnte, Bücher, Gemälde,

Statuen und Weisheit übereinandergeschichtet sind. Und uns die Gastgeberin mit ihrer leisen, aber entschiedenen Stimme auf alles hinweist, was zwischen Leinwand und Farbe, zwischen Bild und Wirklichkeit, zwischen dem Dunkel der Idee und dem Licht, das in dem Werk zum Ausdruck kommt, existiert. Und wie bei meinen Vorfahren, den Surrealisten, kann man von ihr alle Augenblicke etwas Unerwartetes hören, und jede Erscheinung wird von einer unverhofften Seite beleuchtet. In diesem Zagreber Leuchtturm fühle ich mich immer wie im sichersten Panzer, nicht nur weil die Tür mit einem schweren Eisen des Künstlers Dušan Džamonja beschlagen ist.

Hier, am Gipfel der Mackenzie-Straße, im Belgrader Stadtteil Čubura, so etwas wie Schwabing, ihr Montparnasse, unweit eines bekannten städtischen Marktes, zwischen eigentlich ziemlich heruntergekommenen und gewöhnlichen Häusern, steht das Familiendomizil der Bogdanovićs, bekannt durch die Graffiti, mit denen seinen Bewohnern zu Beginn des vergangenen Krieges gefährlich gedroht wurde. Bogdan und seine Frau waren von der nationalistischen Diktatur überrascht worden, gegen die sie lautstark protestierten, die serbischen Vaterlandsfreunde brachten zur Strafe riesige Pfeile an, mit denen sie behaupteten, dort wohne ein Verräter, Faschist, Ustascha, womöglich ein Kroate. Jetzt hat sich die Hysterie etwas gelegt, die Bogdanovićs sind in Wien, die schmutzigen Anschuldigungen von den Wänden gewischt. Geblieben sind diese Zimmer, die noch immer alles enthalten, was der Geist des Erbauers eines Denkmals in Jasenovac und vieler anderer Denkmäler darstellt, was der Geist des Autors unzähliger Bücher über den Sinn des Bauens und den Unsinn des Zerstörens dessen, was auf Erden errichtet wurde, darstellt, all das ist dort in der Bibliothek gestapelt, Sammlungen von Zeichnungen, Projekten, Maquetten und Fotografien als Keim der Zukunft, falls es diese überhaupt geben wird. Denn wenn die Menschen dieser Stadt einmal den Wunsch haben werden, vorwärts und weiter durch die Zeit zu gehen, wird Bogdans mentale Schatzkammer zum Vorratsraum jener Radiumenergie, zum Depot der Starkstromzentrale werden, an deren Ideen sie nur ihr Schwachstromnetz anzuschließen brauchen.

So schauen wir uns die jahrzehntelange Arbeit eines Belgrader Palladio an und halten uns zudem in einer wunderschönen Wohnung des serbischen Bürgertums vom Anfang des zwanzigsten Jahrhunderts auf, denn jene reichste Ader der Belgrader Kultur kommt nicht nur, wie das die Pseudomarxisten wollen, aus den Köpfen der Armen und Proletarier und aus den Händen von Rebellen, das, was die Belgrader Zivilisation war, entstammt doch diesen herrschaftlichen Wohnungen und den kultivierten Familien, weltoffen und im europäischen Geist erzogen. Jedenfalls gibt es in dieser Stadt, zumindest bruchstückhaft, noch solche Orte, an einem davon wohnen wir selbst, und doch, der geistige Zirkel von Bogdanović ist vielleicht das Wertvollste, was die Stadt in diesem Augenblick besitzt. Wer weiß, ob sie es zu bewahren versteht. Das Belgrad, an das ich mich erinnere, das es geschafft hat, sich durch einige Jahrzehnte der proletarischen Diktatur und des dummen Einheitsdenkens hindurch zu behaupten, diese Stadt haben einige auserwählte Herren geschaffen, natürlich nicht jene, die danach trachteten, ihr Bier, Papier oder Eisen möglichst gut zu verkaufen, aber sogar sie! Denn Milan Vapa, Bajloni, Vajfert und Teokarević, diese ersten serbischen Industriellen mit Ideen aus entwickelteren Ländern, trugen auf ihre

Art zum damaligen Aufblühen bei, wie ungerecht die Entlohnung für die Arbeiter, Bediensteten, kleinen Angestellten und das Dienstpersonal auch war. Weil viele dieser ausbeuterischen Fabriken die Grundlage für eine leidliche Zukunft schufen, auf der anderen Seite bleiben nur ein paar Straßenpropheten der sozialen Gerechtigkeit, Akquisiteure des utopischen Sozialismus, nur eine Handvoll bescheidener Dichter des sozialen Protests ohne Brechtsche Kraft.

Es gab natürlich auch ein dekadentes Belgrad, ein für die Jahre um 1930 herum übertrieben ästhetisiertes, das sich heute im Aufbewahrungsraum des europäischen Modernismus befindet. Es verwundert fast, daß gleich zu Beginn der neuzeitlichen Zivilisation in einem bescheidenen Balkanland besondere, außerreale, sehr subtile, vielleicht auch zu subtile Ideen entstanden sind. In einer Stadt, durch die hier und da noch ländliche Einspänner fuhren, während gerade die ersten Prachtbauten des neuen europäischen Lebens aufsprossen, wo der Gebrauch von Fremdsprachen eine wahre Rarität war und jede neue Toilette den Spott der alteingesessenen Damen hervorrief, an diesem Ort, der sich verschämt in eine mittelmäßig entwickelte Stadt verwandelt hat, scheint es ganz unwahrscheinlich, daß hier ein expressionistischer, symbolistischer, surrealistischer Geist aufkeimte. Einer der Dichter dieser Epoche, der vielleicht schwierigste und unzugänglichste der serbischen Sprache, Momčilo Nastasijević, schrieb ein Drama über die Unwillkommenen, eine Mischung von Salonkolportage und starkem Enthusiasmus für die heraufziehende Zeit, dieses völlig in Vergessenheit geratene Drama sehen wir heute auf der Bühne des Belgrader Zentrums für kulturelle Dekontamination, das den Mittelpunkt des geistigen Widerstands während all der vergangenen Jahre der Diktatur bildete. Dort, in einer elitären Gegend des ehemaligen Bürgertums, zwischen ausländischen Botschaften und den Wohnungen vieler angesehener Menschen, eigentlich im ehemaligen Haus der reichen Familie Veljković, etablierte sich während des vergangenen Jahrzehnts eine Institution der geistigen und intellektuellen Rebellion, des Widerstands gegen die herrschende Clique, die einen blutigen Krieg gegen das eigene Land führte. Dort treffe ich zum ersten Mal eine interessante Person, eine heute geachtete Bürgerin, Historikerin des serbischen neunzehnten Jahrhunderts, die vor etwa dreißig Jahren Führerin der kommunistischen Partei in Serbien war. Sie ist eine strenge Erscheinung, gebildet, mit einem hageren, aber auch in ihrem heutigen Alter schönen Gesicht, freundlich, wenngleich ziemlich verschlossen, ohne viel Lächeln. Und doch war sie in der Zeit, über die ich spreche, der Zeit ihrer Macht in Partei und Staat, unerbittlich in ideologischen Fragen, rigide in Fragen der Kultur, und diese Dame, Latinka Perović, hatte, irgendeine »Reinheit« ihrer Parteilinie verteidigend, meine Theatervorstellung als volks- und staatsfeindlich verboten. Bald danach entmachtete Tito diese Dame und mit ihr auch Marko Nikezić als allzu liberale Elemente. Madame zog sich später aus der Politik zurück, verlegte sich auf ihre Wissenschaft, aber in der Zeit der nationalistischen Diktatur erwies sie sich als eine der schärfsten Opponentinnen dieses abscheulichen Regimes.

All das sind kurze Angaben für eine Biographie, deren Punkte, meine ich, vollständig sein müssen, ohne Einseitigkeit. So habe ich in einem Interview vor ein paar Jahren meinen Fall mit Frau Latinka erzählt, und meine Freunde, meine Kampfgefährten und Leute, die mir von ihren Auffassungen her sehr nahestehen, waren ungeheuer beleidigt und verärgert, weil ich unsere heutige Gleichgesinnte und ihre Vergangenheit schlechtgemacht hätte. Während ich begriffen habe, daß es keinen Wert hat, in jemandes Leben alles Mögliche zu verschweigen, so wie eine kranke Stelle im Körper vernachlässigt wird, was sich später für den, dessen Körper es ist, sehr rächt. Es ist, scheint mir, besonders sinnvoll, über positive Wenden zu sprechen, durch die eine Person, eine fast verwandelte, in eine neue, wichtige Phase eintritt. So entlarve ich die bolschewistische Periode dieser Professorin, die ihre deformierten Auffassungen ja selbst zu revidieren versuchte, nur daß ihr das Josip Broz nicht erlaubte, sondern sie auf die bekannt arrogante und autoritäre Weise aus der Politik entfernte. Ich beschädige also nicht Latinkas Person, die heute sehr wertvoll ist, sondern gerade dadurch, daß ich nichts von dieser Geschichte verberge, zeichne ich sie nur genauer und positiver.

Es gibt in unserer Geschichte viele Beispiele für Wenden, vom Besseren zum Schlechteren und vom Schlechteren zum Besseren, letztere ist immer positiver. So haben sich ehemalige Partisanen und Kosmopoliten in engherzige nationalistische Führer verwandelt, nüchterne Kommunisten mutierten zu Royalisten und Frömmlern, und unbeugsame Sektierer im Gefolge von Fidel Castro sind, wie wir sehen, wiederum zu einer neuen Vernunft gekommen, haben ihren Horizont erweitert, als wären sie auf eine Anhöhe gestiegen, von der aus man die Dinge besser und weiterreichend betrachten kann. In meiner Kindheit, irgendwann um 1945, waren Kinderheime in Mode, wo die Abkömmlinge des ehemaligen Bürgertums ihre kommunistischen Veranstaltungen durchführten, wo man rezitierte, überwiegend im Chor, Texte über Volkshelden, und ein Fräulein aus gutem Hause auf dem Klavier Schumanns unpolitische Komposition, *Träumerei*, vorspielte. Das Heim, in das ich ging, wurde von einer steifen Partisanin in Stiefeln geführt. Sie war unverheiratet, hatte von irgendwoher ein kleines Kind, ihren Dienst als Erzieherin der Jugend übte sie streng und ohne Berufung aus. Und doch habe ich diese Person letzthin dabei gesehen, wie sie heimlich in die Markuskirche ging und sich bekreuzigte. Ein Poet, dessen erste Schritte ich unterstützte, als er noch barfuß durch Belgrad ging, mit dem ich jahrzehntelang korrespondierte, war ursprünglich eine Art Anarchist, später leitete er eine Rubrik in einem offiziellen staatlichen Blatt, und dann kam er, immer mehr von der Nation entflammt, zur Frömmelei, zur Errichtung einer Kirche in seinem Geburtsdorf. Schon in der Zeit seines sehr freien geistigen und dichterischen Lebens prognostizierte ein kluger Kritiker, daß er im Kloster enden werde.

Menschen entwickeln sich in viele Richtungen, manchmal in paradoxe und unerwartete. Jedem logisch denkenden Gehirn leuchtet das ein, und doch bleiben diese Verwandlungen, die keine kafkaschen, sondern im Gegenteil Zeichen verschiedener Reifungsprozesse sind, die Tatsache, daß eine solche Wende zum »Besseren« oder zum »Schlechteren« eintreten und man sie dann betrachten und darüber reden kann – für einige meiner Freunde eine anstößige und beleidigende Sache. Das spürt man sogar bei jener weisen Dame, die mir zwar die Hand gab, aber auf eine kühle Art und ohne Herzlichkeit. Als erschiene ihr meine offene Erklärung über ihren früheren Bolschewismus immer noch beleidigend, aber ich denke, es ist überhaupt nicht so. Dann überlasse ich es nach diesem offiziellen Kennenlernen lieber meiner Gefährtin Lidija Klasić, als politische Journalistin mit dieser Dame zu kommunizieren, und gehe in die Tiefe dieses ideologischen Hofs, um auch jene zu treffen, die unverändert selbstbewußt und schon immer reif waren, wie auch die anderen, deren Biographien zahlreiche Eskapaden, Zuckungen und Gezauder enthalten, na und?

Weil wir ein kleines Volk von Zauderern sind, all diese Leute, diese menschewistischen – es ist bekannt, daß den oppositionellen Kern Serbiens eine gewichtige Minderheit von einigen Hundert Personen bildet –, streifen wir in diesem Garten der Villa Veljković umher wie eine Löwenfamilie in ihrem Reservat. Als ich die mutigsten Widerstandskämpfer und -kämpferinnen, Leute wie Sonja Biserko, wie Korać oder Koraksić oder Srđa Popović, frage, was man tun und wie man zu einem künftigen Serbien kommen könne, sagt mir jeder ruhig und ohne Panik, daß er es nicht wisse. Das Volk, an dessen Spitze diese Leute als intellektuelle, moralische und geistige Elite zweifellos stehen, ist ein verrücktes Volk, voller Widersprüche, Unfähigkeiten, Inkonsequenzen und rein irrationaler Verhaltensweisen. Es ist daher schwer, an der Spitze einer solchen Herde zu stehen, in deren langer Geschichte – selbst zu Beginn des zwanzigsten Jahrhunderts, als die erste serbische parlamentarische Demokratie geboren wurde – es viele heldenhafte und andere verbrecherische Unternehmungen gab, was soll man mit solchen Leuten und mit einem Volk, das so ist!

Ich denke jetzt über alles Mögliche in der politischen Vergangenheit Serbiens nach, und das, was mir gleich einfällt, ist die verrückte Herrschaft des Siegers über die Türken, des halbanalphabetischen Tyranns Miloš Obrenović, die jesuitische Radikalität des Regierungschefs zwischen den beiden Weltkriegen, Nikola Pašić, die kommunistischen Führer aus der Zeit von Titos Regime, der Verbrecher, der Serbien in der letzten Phase in den moralischen und gesellschaftlichen Ruin führte. Wenn wir das alles einer unnachsichtigen Revision und einer möglichst objektiven Bestandsaufnahme unterziehen, kommt heraus, daß meine Nation von lauter Verrückten, beschränkten, engherzigen Provinzlern, grausamen Kopfabschlägern, machtgierigen Tyrannen, Misanthropen und Zynikern geführt wurde. Wenig hilft dann das reine und ungetrübte Bewußtsein einer Nataša Kandić, einer Borka Pavičević oder Sonja Biserko, die Perlen unserer traurigen Gesellschaft sind, aber nur das. Eine kleine, kostbare Perlenkette im Museum unseres Schicksals, jenes Funkeln in der Finsternis, der dichten und dauernden.

In diesem Garten der geistigen Genüsse tauchen auch andere Leute aus meiner Vergangenheit auf, einige von ihnen habe ich seit Beginn des Krieges, volle fünfzehn Jahre lang, nicht gesehen. So ist unter diesen sehr sorgfältig und ausgesucht angezogenen Damen, denn zum Glück kleiden sich unsere moralischen und intellektuellen Rebellen nicht in Lumpen, sondern mit viel Aufmerksamkeit und Geschmack, unter diesen Damen ist eine Person, die ich seit über einem halben Jahrhundert kenne, eine Freundin aus meiner Jugend, Malerin und außergewöhnliches Subjekt, ganz in Flittern, in einer kostbaren Aufmachung, mit dem Schmuck und der Schminke einer wahrhaften Diva, natürlich ist sie Russin. Um Olja Ivanjicki habe ich bei meinen vorhergehenden Besuchen einen Bogen gemacht, weil ich meinte, daß ich trotz unserer langen gemeinsamen Geschichte mit dieser Dame, die den dortigen Diktator unterstützte, nichts zu tun haben müsse. Außerdem war es ihr Atelier gewesen, wo sich jene Szene abspielte, in der die Pläne geschmiedet wurden, was mit Bosnien zu tun sei, und wie es Bosnien dank dergleichen Konzepte ergangen ist, wissen wir ja. Ich gebe zu, daß meine russische Freundin die Gedanken eines gemeinsamen Bekannten, eines Malers, nur anhörte, sie war ihnen gegenüber vielleicht auch reserviert, und doch erinnere ich mich, daß diese finstere Séance in ihrem Haus, zu ihren Füßen stattfand. Aber alles ist relativ, dieselbe ingeniöse Zeichnerin, Mitglied der bedeutenden Gruppe von Malern, Mediala, weigerte sich in jener düsteren Zeit immerhin, den international gesuchten Kriminellen und Schlächter im letzten Krieg, Arkan, zu malen. So kam sie auf uns zu, als hätte es diese Lücke von fünfzehn Jahren nicht gegeben, und am nächsten Tag führte unser Weg dorthin, wo ich jahrzehntelang Tage und Abende verbracht hatte, in ihr Atelier, verwandelt in eine Wohnung, in ihr Appartement, verwandelt in ein Museum, in diese Aufbewahrungskammer so vieler Gegenstände, Kunstwerke, so vieler Zeiten und Erinnerungen, um Lidija zuerst einen der Schauplätze meines früheren gesellschaftlichen Lebens vorzustellen und um sie dann mit einem komplizierten, ungewöhnlichen und widersprüchlichen Geschöpf bekanntzumachen. Was hatte sie, die eigentlich eine Fremde ist, die Tochter russischer Emigranten, dazu getrieben, sich vorbehaltlos für eine Politik Serbiens, noch dazu eine völlig destruktive und verkehrte, einzusetzen? Aber was hatte einige andere Belgrader Bewohner nichtserbischer Nationalität dazu getrieben? Einen genialen kroatischen Schauspieler, einen ingeniösen jüdischen Komponisten, eine tschechische Literatin, viele Slowenen und wer weiß wen noch alles? Die lauter schrien als die offiziellen Serben und deren Stimme, bisweilen hysterisch, den Apparat des Machthabers, der heute auf der Anklagebank für Kriegsverbrecher in Den Haag sitzt, unterstützen sollte. Aufs neue stellt sich die Frage der ideologischen und noch so manch anderen Schizophrenie Handkes.

Die Menschen entscheiden sich jedoch ihrer persönlichen Absicht und ihrem Temperament entsprechend, und es ist nur eine Frage für uns anderen, ob wir etwas mit solchen Leuten zu tun haben möchten oder nicht. Ich meide diese Menschen meist, und es ist mir nicht recht, ihnen auf der Straße zu begegnen, aber dann mache ich manchmal auch eine Ausnahme, wie mit der Ivanjicka. Ich bin nicht imstande, die ganzen fünfzig Jahre meines Lebens, der Zeit, in der Personen wie die Ivanjicka unaufhörlich in meiner Nähe waren, wegzuwerfen. Diese Freundin aus meiner frühen Jugend hatte immer ganz transrationale Ideen, eine ihrer letzten ist das Projekt einer dreistrahligen Brücke, die die Mündung der Save in die Donau mit der Kriegsinsel verbinden soll, die sich genau dort befindet, wie die Speiseröhre eines riesigen Mundes. Ich betrachte von ihrem Fenster aus genau diese Stelle, noch immer ohne Dreigebrück, das aber eines Tages vielleicht doch plötzlich auftauchen wird, mit Bögen, ganz futuristisch konzipiertem bengalischen Licht, wie auf den unausgeführten Zeichnungen der ebenfalls russischen Baumeister in den zwanziger Jahren des letzten Jahrhunderts. Die Ideen der russischen Architekten blieben zum größten Teil auf dem Papier, weil die roten Führer nur etwas auf den monströsen Sowjetpalast mit einer Leninstatue von mehreren zehn Metern gaben, aber auch das wurde nicht verwirklicht, weil es die schwerfälligen Gehirne, berauscht von ihrer Selbstherrschaft, im Kreml, überstieg.

Da wir schon in der Nähe sind, gehen Lidija und ich hinüber aufs andere Ufer der Save, damit sie zum ersten Mal ihren Fuß in das Museum der modernen Kunst setzt, ein ungewöhnliches Gebäude mit vielen Kanten, eigentlich ein Kristall, der von allen Seiten Licht aufnimmt, nicht nur um die Sonnenmomente der Belgrader Luft aufzusaugen, sondern auch um die besten Beispiele der einstmaligen gemeinsamen jugoslawischen Moderne zu beleuchten, Skulpturen, Zeichnungen, Ölgemälde und Objekte aus vielen Zentren des alten jugoslawischen Staates, ohne Vorurteile gegenüber der nationalen Zugehörigkeit dieser Künstler.

Ein ganzer Scheiterhaufen der Ideen lodert dort über der Save und bietet mit seinem beharrlichen Schweigen der aktuellen Gemeinheit der Macht, der Politik und des gesellschaftlichen Elends die Stirn. Dort sind Skulpturen von Ivo Meštrović und Bilder von Ignjat Job und Gabrijel Stupica und Leonid Šejka, ein enger Freund der Ivanjicka, aber dort sind auch die Collagen von Dušan Matić und Marko Ristić, den surrealistischen Belgrader Dichtern, meinen nächsten literarischen Vorfahren. Die Arbeiten von Matić erinnern mich noch einmal an eine der wichtigsten Personen in meiner Jugend. Die über unserer Generation wie ein guter Geist wachte, uns beibrachte, wie wir uns in der Gesellschaft von Frauen benehmen, was von Rimbaud wir noch lesen sollten, und als er einmal aus Paris zurückkam, erzählte er uns von einem verrückten Stück, in dem zwei Abenteurer unter einem Baum sitzen und wundervolle Dinge reden. So kam Godot auf Umwegen zu uns, über die Nacherzählung dieses Dichters, bald darauf wurde die erste Vorstellung dieses umwälzenden Stücks ganz privat, im Atelier eines Malers, aufgeführt. Dieser Ort, das Museum, ist, wie ich sagte, immer noch der Knotenpunkt der besten bildenden Ideen unseres ehemaligen Landes, ein Aufbewahrungsort für die wertvollsten Konzepte einer malerischen und bildhauerischen Prosodie des ganzen letzten Jahrhunderts, und daher ist der Raum, in dem wir umhergehen, ingeniös zerschnitten durch Halbetagen und unverhoffte kurze Treppen, dieser Raum ist leer, ohne Menschen. Weil mein früheres Volk, das Belgrader, seine Seele verloren hat, und diejenigen, die noch eine haben, sind zu müde, um in Kunstgalerien herumzuturnen, und langweilen sich zu Hause. Etwas vom Erbe dieses Geistes, der Belgrader Kunst, findet sich bei den raren jungen Künstlern, die heute dort wirken.

Das beweist der letzte Künstlersalon Belgrads, der, wie auch vor langer Zeit, die schöne neue Welt nach Belgrad führt und aus dieser Stadt eine Art Ideenmetropole der Länder im Übergang macht. So wie früher Bob Wilson und Krejč und die Königin der Theater, La Mama, hierherkamen, sind in dieser schäbigen Stadt nun Ilja Kabakov und Boris Michailov und Marina Abramović. Diese Dame, die ihren Körper der Kunst vermacht hat, wie Philantropen den ihren einem medizinischen Institut versprechen, hat ihr eigenes Linkssein vernachlässigt: ihre Produktion eines fünfzackigen Sterns, aus den Körpern junger Mädchen gemacht, hat nichts Rotes mehr an sich, es ist ein dunkler, schwarzer Stern, in dessen Zentrum die Künstlerin steht, gekleidet in ein Kostüm, das ihr Gerippe abbildet. Denn von der einstigen Idee, die Marina jahrzehntelang verfocht, ist ebenfalls nur ein Skelett geblieben. Wie in brüderlicher Eintracht mit dem zerstörten serbischen Umfeld wirken auf der dortigen Ausstellung die Fotografien Michailovs. Diese armen, betrunkenen, halbbekleideten und geschlagenen Bewohner des heutigen Rußlands, zum Gesindel geworden, nicht weil sie Gesindel waren, sondern weil die Geschichte sie dazu gemacht hat, das sind Fotografien vom

Personalausweis der Population des Ostens, ein Volk, ausgemergelt, derangiert, dezentriert und destabilisiert, die häßlichen, schmutzigen, bösen Helden der Filme von Ettore Scola, verbreitet über ein ganzes Stück des in einen Kehrichthaufen verwandelten Kontinents. Die Ausstellung, die sich, mit einem spöttischen Beiklang, auch weiterhin Salon nennt, hat auch ihren »Restaurant«-teil, dem Tisch und dem Schmausen gewidmete Arbeiten. Dort hat der Moskauer Andrej Filipov seinen Tisch hingestellt, überzogen mit einer purpurnen Fahne, wer immer sich an diesen setzen würde, fände einen knallweißen Teller vor, nur das Eßbesteck ist eine unhandliche Sichel und ein Hammer. Obendrein ist der Teller in diesem Konzept, wie zu erwarten, leer.

So fühle ich, wie ich meine frühere Welt zusammensetze, die in Scherben liegt, die man aber, wenigstens hier und da, wie eine zerbrochene Vase aus China kleben kann. Es gibt kein Geschirr unserer Vergangenheit mehr, das nicht zerbrochen wäre, alles, was wir hatten, ist von unseren Regalen und aus unseren Schränken gefallen, jetzt können wir es nur rekonstruieren und kleben. Mir fällt zum Beispiel auf, daß dieser Garten, der von Veljković, verschiedene Menschen versammelt, es sind nicht unbedingt nur unikale und stabile, prinzipielle Kämpfer für die Menschenrechte und für eine andere, vielleicht noch immer mögliche Welt, es gibt auch die anderen, mit etwas bunten Biographien. Denn die menschliche Spezies ist bunt, wenn man nach der Gerechtigkeit, der von Hamlet, richten würde, bliebe kaum einer ungeschoren. Die Magazine und Dienstbotenräume dieser ehemaligen herrschaftlichen Villa haben sich in einen Versammlungsort unseres menschewistischen Volkes verwandelt, diese, ich sagte es bereits, vielleicht ein paar hundert Leute, sind mit ihren fast ununterbrochenen Tagungen, Diskussionen, internationalen Treffen heute eine Ehre für Belgrad und seine komplizierte Geschichte.

In den Tagen unseres Aufenthaltes wurde im unabhängigen Fernsehen ein dramatischer Film über das Massaker von Srebrenica gezeigt, und daß es dazu überhaupt kam, daß dieser niederschmetternde Streifen überhaupt aufgefunden wurde, ist das Verdienst von Nataša Kandić, einer der Kämpferinnen dieser mutigen Institution aus dem Veljković-Pavillon. Und wenn ich auf seinen Hof unter Linden und in den umgebauten Pferdestall, den Theatersaal, schaue, ist es, als betrachtete ich jene zu didaktischen Zwecken gemachten Gruppenfotos von den wichtigsten Akteuren eines historischen Augenblicks, die in fast künstlicher Weise auf dem Bild versammelt sind.

An diesem lebenswichtigen Punkt des Belgrader Blutkreislaufs besuchen wir diesmal keine Protestveranstaltung gegen die Mörder von Ivan Stambolić oder Zoran Đinđić, sondern ein Ereignis, ein Theaterereignis. Es ist indes ein wahres Wunder, daß die Leiterin des Hauses, Borka Pavićević, die mit den Bestien des ehemaligen Regimes wie eine Löwin gekämpft hat, nicht Heiner Müller oder Majakovskij oder Brecht auf ihre Bühne bringt, sondern daß es dieser linken Seele geboten schien, dort ausgerechnet einen Dekadenten, jenen Momčilo Nastasijević, aufzuführen. In der Regie eines anderen großen Ästheten, des fragilen, nervösen, aber in seinen Ideen explosiven Jovan Ćirilov. Er zeigte irgendwelche Menschen von vor acht Jahrzehnten, schön, fein angezogen, von Blumen und auserlesenem Mobiliar umgeben, Menschen, die es in diesem unglücklichen Belgrad schon einmal gegeben hat, was man sich jetzt kaum vorstellen kann. Dies ist daher ein Kampf für ein gewisses

Niveau, ein schon einmal dagewesenes, das in Schutt und Asche gesunken ist.

Das ist eine weitere Kapsel der einstigen Belgrader Zivilisation, die sich heute, wenigstens mit den Mitteln des Theaters, im allgemeinen Schmutz der Armut und Hoffnungslosigkeit aufs neue zu erschaffen versucht. Es gab also in der serbischen Gesellschaft bereits in den Jahren um 1930 herum die Anfänge eines Milieus, das nicht mehr von Heiducken und Bauern geprägt war. Das ist vielleicht ein verspäteter Čechov, ein Belgrader, aber auch so zeigt sich, daß sogar die jungen Menschen aus diesem Stück, das in einer Stadt am Ende Europas spielt, zwischen auserlesenen Gewächsen sitzen, in weißen Anzügen, mit feinen Manieren und wohlerzogen, nur daß sie schon von ihrer eigenen Dekadenz ausgezehrt sind, schon leidend, an der Liebe und auch sonst. Man baut also dort, in diesem alten Belgrad, mächtige Fabriken, treibt erfolgreich Handel, das Bankwesen blüht, und die Kinder dieser Reichen sind, wie es sich gehört, völlig frustriert, und selbst die Schönen, selbst die erlesen Gekleideten leiden. Erst am Anfang, fault die moderne serbische Gesellschaft bereits und wird von ihrer eigenen Kraft aufgezehrt. Nur daß die Grundlage des serbischen Kapitalismus nicht von den proletarischen Brigaden Titos zerstört wurde, die mit ziemlichem Ungeschick versuchten, diese Werke in Arbeiterfabriken umzuwandeln. Nein, den wirtschaftlichen, kulturellen und zivilisatorischen Fundus der Stadt Belgrad und des ganzen serbischen Landes haben die nationalistischen Banditen vor fünfzehn Jahren zerstört, indem sie ihre eigene Heimat niederrissen, ihre eigenen Bürger ermordeten, niederbrannten und stahlen, was ihnen in die Hände fiel, und alles, woran sie kamen, in ein Altersheim der Nation, in ihr Armenhaus und einen

Müllabladeplatz verwandelten. Auf dieser Deponie gehen wir heute staunend umher und fragen uns, wie es möglich war, ein derart gewaltiges Potential, eine derart gigantische Vorratskammer der kreativen Ideen und fertigen Errungenschaften auf einen Flohmarkt herunterzubringen, auf dem man für Kleingeld nur die Scherben von alldem kaufen kann. Und doch sind wir auf dem Flohmarkt, wir kaufen diese Stückchen, wir versuchen, aus ihnen zusammenzukleben, was wir in Erinnerung behalten haben, von früher. Obwohl es auf diesem Müllabladeplatz jeweils nur ein Stück gibt. Ein Glas, einen Stuhl, eine Haarnadel. Wie eine Arche Noah für Dinge, damit nach der allgemeinen Überschwemmung der Gegenstände jemand in der Zukunft unsere Welt erneuern kann. Denn schon die Welt, in der wir leben, ist die Erneuerung irgendeiner früheren, wir sind nur Repliken, keine Originale. Von uns geht nichts aus, wir setzen nur fort. Das will nicht in die Hitzköpfe der noch vor kurzem regierenden Verwalter dieses Landes, die dachten, alles hänge von ihnen ab und habe nur von ihnen aus weiterzugehen. Aber sie waren nichts und niemand, und so sind sie gegangen. Jetzt bleibt nur übrig, was gegen sie spricht, ihre dreckigen Spuren.

So viele Leute haben wir während dieser zehn Belgrader Tage getroffen, und trotzdem gab es einige, die wir nicht erreicht haben oder zu denen wir nicht gehen konnten. So habe ich es versäumt, Mihajlo Mihajlov, den berühmten jugoslawischen Dissidenten, amerikanischen Professor und weisen alten Mann zu sehen, der nach vielen Jahren nach Belgrad zurückgekehrt ist. Eigentlich habe ich ihn seit der Zeit, als wir mit den Malern der Gruppe Mediala verkehrten, nicht mehr gesehen, seit dem Tag, als er in das Rußland Brežnevs reiste, von wo er seine bekannte Reisebeschreibung mitbrachte. Ausgerechnet ich bin es gewesen, der diesen Text in die Zeitschrift *Delo* brachte, auf dessen Veröffentlichung leider Titos Sanktionen und Mišas langjährige Gefängnisstrafe folgten. Während der er weltbekannt wurde, eine Art Solženicyn unseres sozialistischen Königreichs, und als er endlich seine Gedankenfreiheit abgesessen hatte, lehrte er an amerikanischen Universitäten und sammelte Insekten, hergestellt aus Plastik. Mit denen er seine Freundinnen erschreckte, indem er ihnen, immer unbemerkt, eine künstliche Schwarze Witwe auf die Schulter setzte. Das war möglicherweise seine Metapher für das, was man ihm selbst in fabrizierten Anklagen unterschob: er habe die Absicht gehabt, Titos Staat zu zerstören. So amüsierte sich Mihajlov mit einigen unserer gemeinsamen Bekannten bei Zusammenkünften in seinem amerikanischen Heim, darüber hinaus schrieb er eine Unmenge beißender und scharfsinniger politischer Kommentare, er hatte einen wachen Geist, einen unverhältnismäßig großen in diesem winzigen Körper: so muß Kierkegaard ausgesehen haben. Mein alter Bekannter diente also Titos Gefängnisstrafe ab wie auch die andere aufgezwungene Frist, die amerikanische Professur, und dann kehrte er, man weiß nicht warum, nach Hause zurück. Es läßt sich schwer feststellen, wieso, wie es auch unklar ist, weshalb der lebhafte Advokat und scharfe Opponent der serbischen nationalistischen Diktatur Srđa Popović wieder in Belgrad lebt. Mihajlov, Sohn russischer Emigranten, ist allerdings keiner, der Sehnsucht nach seinem Vaterhaus hätte, denn das ist die serbische Hauptstadt für ihn nur in einem übertragenen Sinn. Die Rückkehr wird wohl das Ergebnis seiner Erkenntnis sein, daß es dem Menschen nirgendwo gutgeht und es ihm auch nirgendwo gutgehen kann. Titos Jugoslawien hat ihm nicht gefallen, Bushs Amerika vielleicht noch weniger, er ist heute ein größerer Kritiker der Überseedemokratie als unseres verstorbenen Sozialismus, in dem er, nach allem, den einen oder anderen positiven und menschlichen Grashalm entdeckt. Das sind sehr schwere Dilemmata und höchst strafbare im somatischen Sinn, Miša ist heute herzkrank, außerdem raucht er wie ein Verrückter. Deshalb gelingt es uns auch nicht, ihn zu besuchen, er hüstelt in seiner kleinen Wohnung am Obilić Venac, und so verschiebt er das Treffen auf ein nächstes Mal. Daher gehen wir nur an seinem Haus vorbei, in einer der Straßen meiner Kindheit, dort, wo die alten Barden des Surrealismus wohnten, wo es ein Pärklein mit dem Denkmal eines serbischen Heerführers gibt, in dem ich in meiner Kindheit täglich herumlief und im Sandkasten Burgen baute. Auf diese Art bleibt Mihajlov in einer Kapsel der Vergangenheit, auch einer wertvollen Biene ähnlich, eingekerkert im Bernstein der Geschichte.

Ein weiteres Mal bekomme ich ein Manko in meinen Plänen zu spüren, ich kann Radomir Konstantinović einfach nicht erreichen, einen heute sehr wichtigen Kopf Belgrads. Wir haben dasselbe Gymnasium besucht, von dem er ein paar Jahre vor mir abging, geradewegs unter die damals modernsten Autoren der serbischen Literatur, sechs Jahrzehnte lang produzierte er Romane, enzyklopädische Studien über Dichtung und Geschichte und schrieb das weiseste Buch unserer Sprache, *Filosofija palanke*, die »Philosophie des Krähwinkels«. Nur mit der oft allzu großen Trägheit des europäischen Denkens läßt sich erklären, daß diese Schrift, die schon in den sechziger Jahren des letzten Jahrhunderts gezeigt hat, was einmal sein würde und wie es uns einmal ergehen würde, daß diese einige intellektuelle Tonnen schwere Materie unbekannt geblieben ist, außer in Ungarn – dort kam doch tatsächlich jemand auf die Idee, sie zu übersetzen. Rades Thesen legen den Kern jedes Nationalismus frei, seine Engherzigkeit und provinzielle Beschränktheit, den reduzierten Blick dieser Art Leute, der nicht über den Gartenzaun reicht, der im eigenen Hof bleibt, einem kleinstädtischen, verheerend begrenzten und dummen. Auch Radomir ist heute, am Ende seines achten Jahrzehnts, krank, außerdem hat sich seine Telefonnummer geändert, meine mangelnde Hartnäckigkeit ist schuld daran, daß wir ihn nicht gesehen haben, das ist vielleicht das spürbarste Manko des Aufenthalts, hier in Belgrad.

Es tut mir leid, daß es uns nicht gelungen ist, eine weitere interessante, außergewöhnliche Dame zu sehen, Jovanka Broz. Als sie vor einem halben Jahrhundert in das Leben des damaligen Diktators und danach auch in die Öffentlichkeit des einstigen halbkommunistischen Reiches trat, war Frau Jovanka eine schlanke, gut gekleidete Schönheit aus dem Westen des Landes, eine Serbin aus der Lika, Erstkämpferin im Aufstand, Titos Krankenschwester, dann unverhofft Königin der jungen Republik. Unwiderstehlich glich sie der Schwimmerin in einem amerikanischen Film, Esther Williams. Am Anfang schwamm auch sie mutig und geschickt durch unser gesellschaftliches Leben, später immer schwerer. Nicht nur weil sie an Umfang zunahm – die Hofintrigen brachten sie an den Rand einer Scheidung vom Präsidenten, heute lebt sie in einer Art Hausarrest, in einer plumpen Villa, deren Dimensionen sie nicht braucht, es wäre besser, man ließe ihr rinnendes Dach reparieren, erlaubte ihr, in Freiheit in der frischen Luft spazierenzugehen. Weil die Luft in der Residenzengegend Belgrads, klimatisch ideal, eigentlich ziemlich schwer ist, vielleicht schwerer als dort, im Erdgeschoß der Hauptstadt, unten, im Zentrum.

Das ist jenes herrschaftliche Viertel, das mit reicher Leute Villen aus der Zeit zwischen den Weltkriegen vollgebaut wurde, zu denen die scheußlichen Paläste der gegenwärtigen Millionäre, verkappten Banditen und groben Rüpel, der Profiteure des letzten Kriegs dazugekommen sind. Eine nach allem unsympathische Gegend, in deren beklemmender Atmosphäre für mich nur die Dachwohnung eines Freundes ein Lichtblick ist, das Atelier des Malers Otašević und seiner Frau, einer Dichterin. Dort verbrachten wir einige Abende wie in einem Zirkel Petraševskijscher Umstürzler, denn dieses Haus voller Gemälde und Bücher trotzt eben dadurch seiner Umgebung, dann auch dadurch, daß sich dort eine kleine Zahl geistig Verbannter versammelt, wie ja auch die Dame, von der ich spreche, Frau Broz, eine Verbannte ist.

Es wurde zu jener Zeit eine Hofintrige gesponnen, die Frau des Staatschefs arbeite gegen ihn, paktiere mit den serbischen Generälen, Verschwörung hat bei diesem Volk Tradition. Ein junger Premier, europäisch gesinnt, fiel unlängst durch die Kugel eines Scharfschützen aus einer benachbarten Straße. Đinđić ist es ergangen wie dem melancholischen Fürsten vom Ende des neunzehnten Jahrhunderts, Mihajlo.

Auch dieser gutaussehende Mann, Modell eines schönen Menschen aus der Frühzeit des Bürgertums, mit dunklem Gesicht und abwesendem Blick, der das erste Theaterhaus erbauen ließ, europäische Träume träumte, ein dekadentes und ungewöhnliches Privatleben führte und in die eigene Schwester verliebt war, wurde, wer weiß weshalb, auf einem Spaziergang im Košutnjakwald durchlöchert. So fiel auch König Aleksandar Obrenović, zusammen mit der Königin, obwohl die beiden eigentlich nichts Macbethsches getan hatten, nur daß Frau Mašin, die der Herrscher als Gefährtin erwählt hatte, eine Kleinbürgerin war, die geschiedene Gattin eines Offiziers und sehr attraktiv. Dann wurde auch der andere König, der gesamtjugoslawische, Aleksandar Karađorđević umgebracht. In Serbien wird, wie wir sehen, ohne Unterlaß gemordet, am Hof und darum herum, aber die Gründe sind natürlich unterschiedlich.

Đinđić, philosophisch an Heidegger gebildet, versuchte zwischen den gegensätzlichen Kräften der neuen serbischen Demokratie zu lavieren und wurde auf bestialische Weise beseitigt, wie Herrscher und Politiker allerdings auch anderswo in der Welt ermordet werden, nur kommt es mir in diesem Fall so vor, als hätte sich das Verbrechen im Kinderzimmer ereignet. Das wird vor allem deutlich, während ich mit seiner Witwe spreche, einer jungen, etwas erschrockenen Frau, ähnlich einem Vögelchen, das aus dem Nest gefallen ist. Diese zarte Person besucht heute die großen europäischen Städte, spricht da und dort mit leiser, aber recht sicherer Stimme, vertritt einen neuen Horizont der serbischen Nation und spricht wie viele ähnliche Personen in den Wind. Denn wem in diesem Land, fern von jeder Morgendämmerung, liegt etwas an einer vernünftigen Stimme, noch dazu einer jungen und schwachen. Es ist ein Land, in dem man grob redet, oft in der Kneipe herumbrüllt und sich tierisch betrinkt. Für die junge Garde des neuen Serbiens wird es nicht leicht sein, sich durch dieses wilde Getümmel hindurchzuschlagen. Deshalb entschädigt uns die kurze Zeit, die wir mit dieser zerbrechlichen

Frau verbringen, für so manches, was wir auf unserer Reise ohnehin lieber auslassen würden.

Nur ist es schwer, jedem aus dem Weg zu gehen, der sich auf irgendeine Weise obskur verhalten hat, weil er sich in den wirren Zeiten nicht zurechtfand. Es ist fast unmöglich, die Spuren, die sie in dieser Stadt hinterlassen haben, zu vermeiden. Vor allem im Gebäude der Akademie der Wissenschaften, wo die erhitzten Hirne der Nation ihren Sitz hatten. Allerdings hat dort im Dachgeschoß dieses gefährlichen Gebäudes ein Freund sein Atelier, ganz vorsichtig steigen wir hinauf. Weil der Maler Radomir Reljić von seinem Temperament, seinem ganzen Habitus her weit von dieser Institution, der er als Mitglied angehört, entfernt ist, auch das kommt vor. Die Figuren auf seinen Gemälden sind grobschlächtig, irgendwie angenehm grobschlächtig. Aber auch das ganze Leben dieser Stadt, dieser Nation, dieses Staates vergeht in feister Grobschlächtigkeit, bei Reljić ist diese Grobschlächtigkeit wenigstens schön. So überwinden wir das Unwohlsein, uns im Palast der serbischen Wissenschaftler aufzuhalten, aus deren Idee teilweise der letzte Krieg hervorgegangen ist. Aus der Idee verstockter Generäle – und aus der Ihrigen. Unlängst wurde Husserls Text, *Geschichte und Erinnerung*, geschrieben noch im Jahr 1938, entdeckt. Es ist, als bezöge er sich voll und ganz auf die serbischen Akademiemitglieder. Denen ich bei dieser Gelegenheit nichts zu verübeln habe, außer einem, daß sie nur auf die eigene Tradition ausgerichtet waren, aber Traditionen gibt es, wie Husserl feststellte, viele. Aus dieser Idee, daß alles auf der einzigartigen serbischen Tradition und ihrer Einmaligkeit beruht, ging das Übel des letzten Krieges und die Ursache für den Tod der meisten von den zweihundertfünfzigtausend jugoslawischen Seelen hervor.

Deshalb fällt es mir schwer, nach dem freundschaftlichen Beisammensein mit dem Maler Reljić die Treppen der Akademie hinunterzugehen, als führe ich mit einem höllischen Tobaggan hinab. Und daß wir keinen von diesen Unsterblichen dort trafen, war pures Glück. Wie es überhaupt ein glücklicher Zufall ist, sich zehn Tage lang in einer Stadt aufzuhalten und denen, denen du nicht begegnen willst, nicht zu begegnen.

Soviel habe ich in den paar Tagen in dieser ehemaligen Stadt gesehen, ohne daß ich auch nur winzigen Bruchstükken meiner früheren Geschichte, all dessen, was sich damals abgespielt hat, begegnet wäre. Weil man dergleichen nicht begegnen kann, niemals. Als wären jene wichtigsten Episoden in jemandes Geschichte tief im Boden einer Zeit vergraben, aus dem man sie ausgraben müßte, so wie Troja ausgegraben wurde. Wo sind die Begegnungen, Gespräche und die tätige Praxis unserer jugendlichen Vereinigung, unserer schriftstellerischen, malerischen, philosophischen? Nicht nur, daß die Träger jener wichtigsten Ideen, Konzepte und Energie nicht mehr leben, sondern auch jede Spur von ihnen ist verwischt: wie in dieser Stadt mit soviel Getümmel in den Cafés und Straßen, in dieser in eine unklare Richtung gewirbelten Stadt, wie dort die Spur des Malers Šejka und seiner nach *med* (Honig) und (*i*) *ala* (Drachen) Mediala benannten Bruderschaft finden? Wenn ich für meine Vergilsche Begleiterin etwas von unserem damaligen Leben beschwören möchte, wo soll ich diese Suche und diese Jagd auf das Vergangene beginnen? Ich führe sie so in enge Sträßchen und richtige Petersburger Gassen, zeige ihr ein einzelnes Fenster, von dem aus mir vor langer Zeit eine Hand ein Zeichen gab, ich finde ein bekanntes Tor und eine in Erinnerung behaltene Ecke wieder, vielleicht einen noch existierenden Kastanienbaum in einer halbdunklen Gegend, aber dort stehen nur die stummen Fassaden, etwas verfallen, aus jener Zeit, und andere Leute gehen durch dieses Viertel. Ich begreife daher, daß unsere Reise mit vielen Mängeln und mit reduziertem Erfolg verlaufen wird, es gibt keine Rückkehr in jene Epoche, das ist noch einmal die nicht wiedergefundene Zeit, die Proustsche, ohne belletristische Aureole. Weil sich die schönen neuen Menschen, die auf dem Boden der alten Zeit, zu der ich gehöre, leben, nicht für die spezifische Tradition der eigenen Umgebung interessieren, sondern für eine vereinfachte Geschichte, die ihnen aus anderen Gründen aufgezwungen wird. So erinnert sich niemand an die wirklich wichtigen Geschehnisse und Menschen von vor dreißig Jahren, und alles, was sie als ihre eigene Grundlage verstehen, ist die mythische Geschichte, jene von vor mehreren Jahrhunderten. Ich habe vor langer Zeit eine Phantasie in meiner Seele getragen, ich glaubte, von einem Spaziergang in die Wohnung zurückkehren zu können, die mir viele Jahre zuvor gehört hatte. Dort würden mich nicht nur meine Mutter und mein Vater, wie sie damals waren, empfangen, sondern es würde sich auch herausstellen, daß in diesem Haus noch immer die ganze vergangene Zeit, unangetastet, auf mich wartet. Und erst danach, als erwachte ich aus einem Rausch, entsinne ich mich, daß es an jener Adresse von damals gar keine Spur von meinem Leben gibt, das an einen ganz anderen Ort umgezogen ist.

Der Dichter Borislav Radović erwartet uns in einem Lokal. Die letzten Jahre wohnt er im Haus nebenan, so daß ihn die Bedienung dieses winzigen Restaurants unter Sonnenschirmen kennt, nur bezweifle ich, daß sie in ihm einen der größten lebenden Belgrader Autoren von heute erkennt. Der schon fünfzig Jahre lang seine Prosodie an jener

Grenze zwischen Heiligem und Profanem schmiedet, wie man es auf den klassischen Gemälden des Manierismus sehen kann. Denn er hat es vermocht, seine Umgebung, so trivial wie viele andere städtische Milieus, als bezauberndes, transrationales, metaphysisches Mahlgut zu erkennen. Und in seinen dichterischen Erzählungen wimmelt alles nur so von gewöhnlichen Gegenständen, alltäglichen Dingen, Details des Lebens, die allen bekannt sind, und dennoch übersetzt er jedes Teilchen der allgemeinen menschlichen Requisitenkammer in erstaunliche Gedankengefüge und in eine Tundra von Bedeutungen, gesprossen aus dem Boden der reinen Natur dieses Planeten und seiner gewöhnlichen Bewohner. Genauso wie es der große Meister der Pop-Art, Dušan Otašević, mit seinen Objekten tut. Indem er ein Streichholz als alltägliche, aber kosmische Erscheinung in seinen drei Etappen zeigt: als totes Objekt, als Flamme, als Gerippe dessen, was es einmal war. Ebenfalls die Erscheinungen um sich herum malend, betrachtet Radović sie nicht als reine Tatsachen, sondern als Zeichen, Bedeutungen, mittelbare und übertragene Formeln, wobei er jedes Steinchen, Blatt oder jeden Vogel in den Redefluß, die Strophe und die lexikographische Einheit einflicht. So kämpft Belgrad in seinem Tiefensinn, jene verborgene, vergessene und kreative Stadt, mit Radovićs Poesie auf unmittelbare Weise gegen die Grobheit des Alltags und die Rabiatheit der Herrscher dieser Stadt, ihrer physischen und geistigen Okkupatoren. Wir sitzen mit ihm unter dem bunten Leinen des Sonnenschirms und unterhalten uns über die schriftlichen Arbeiten unseres Volkes, die durch ein Wunder gerade an den Orten bewahrt sind, wo keine großen Themen und neurasthenischen ideologischen Ergüsse vermittelt werden, sondern dort, wo die kleinen Täuschungen in den zwischenmenschlichen Beziehungen, die Beziehungen der Menschen zu den Dingen, zu den Früchten aus dem nahen Garten, zur Natur als einem allgemeinen Garten, oft bedroht von Panzerketten und von den Giftgasen schwachsinnigerweise errichteter Fabriken, diskutiert werden. Es ist erstaunlich, wie viele Naturelemente es bei diesem Dichter, einer markant urbanen, städtischen Person, gibt. Was nur zeigt, daß unsere ganze Zivilisation, unsere europäische, eine Zivilisation von Ankömmlingen ist, die Städte, will ich sagen, wurden von Provinzlern und Bauern errichtet.

Denn dort, wo jetzt die Stadt Belgrad steht, war einmal eine römische Festung, ein österreichischer Wachtturm, der jugoslawische Königshof, und die kleinen Leute aus den Vorstädten trugen an ihren Sohlen den Lehm der Natur, auf ihren Schultern das Frühlings- und Herbstlaub, hierher zwischen diese historischen Markierungen. Wie treffend der philosophische Traktat Radomir Konstantinovićs über den Geist des Krähwinkels auch ist, den Geist der kleinen in sich geschlossenen Stadt, als die man jede Gesellschaft, jede geschlossene, bezeichnen könnte – das, was eine Großstadt ausmacht, entspringt dennoch nicht ein paar Großstädtern, sondern ebendiesen Provinzlern, einigen unter ihnen, denen es gelungen ist, den eigenen Kleinstadtgeist abzulegen und aufzugeben.

Das beweist die bedeutungsvolle, tiefe und transrationale dichterische Produktion dieses Autors und noch einer kleinen Zahl mir lieber Stammesgenossen, deren Stadtgefühl durch die dauerhafte Verbindung mit der Nichtstadt, dem Wald, der Wiese, angeregt wird, wie auch der Honig, eines der Wunder der natürlichen Synthetisierung, von dort kommt, von der Wiese und aus dem Wald.

Wir unterhalten uns mit diesem unvergleichlichen Dichter über gemeinsame Freunde, die heute großenteils tot sind, als hätten wir beide als einzige den Bergschlag der Zeit überlebt, der auf unsere Generation niedergegangen ist. Es ist fünfzig Jahre her, als Borislav vor meiner Tür stand und andere bartlose Poeten mitbrachte, Gymnasiasten noch, einige von ihnen in kurzen Hosen. Wir beerdigen also in unseren Erinnerungen diese unvergessenen Leute, die später bedeutende serbische Schriftsteller wurden, und dann erkundigt er sich nach dem Dichter Dragojević, den er während all der Kriegsjahre weder gesehen noch gehört hat. Und da wir mit diesem erstaunlichen Dichter der kroatischen Sprache unlängst in einem ziemlich ähnlichen Lokal auf einem Zagreber Platz zusammengesessen haben, wird mir klar, daß meine Frau und ich eine konsularische Mission und einen diplomatischen Auftrag haben. Und auf der Reise von einem Stück dieses zerrissenen Landes in ein anderes dichterische Bücher von einem Literaten zu einem anderen bringen, wie geheime Schriftstücke und diplomatische Depeschen. Denn diese wenigen überlebenden Menschen der Feder und der Gedanken bilden heute ein menschliches Netz dieser Völker, die im Schmutz der schwachen Schriftlichkeit und des leichtsinnigen Nichtdenkens versunken sind. Und beweisen so, daß sie selbst die eigentliche geistige Macht dieser Gegenden sind und nicht die anderen, die offiziellen Personen der aktuellen Führung und Ideologie.

4

Die Rückkehr aus Serbien Richtung Kroatien verläuft auf der alten, früher einmal »Brüderlichkeit-Einigkeit« genannten Straße. Das war eine richtige Idee, die Homogenität eines sehr inhomogenen Landes durch Wege zu bewahren, um diesen lockeren Körper zu verbinden. Dies wurde allerdings nur teilweise durchgeführt, die Straße zwischen Belgrad und Zagreb war lange die einzige anständigere Magistrale, wie wenn im Körper eines Greises nur die Aorta funktionieren würde und alles andere verkalkt und gelähmt wäre. So haben die Kommunisten nicht beherzigt, was noch Hitler Erfolg gebracht hat: Straßen in alle Himmelsrichtungen. Denn wie den Linken wird auch den Serben als Nation immer alles auf halbem Weg langweilig, niemals führen sie etwas zu Ende! Deshalb ist unsere Reise Richtung Zagreb voller Erinnerungen an dieses teilweise erfolgreiche System und an dieses nun verstorbene Land, das damals nur hier funktionierte. Ob es Unterschiede zwischen den einzelnen Teilen des einstigen kommunistischen Reiches gibt, läßt sich schwer feststellen, gemeinsam ist, denke ich, die Unzufriedenheit aller Bürger, ausgenommen der Diebe und Kriegsgewinnler, die meisten meinen, auf einem Müllhaufen zu leben und nicht zu wissen, was morgen sein wird. So vergeht dieser Nachmittag mit der Fahrt Richtung Zagreb in einem friedlichen, ungefährlichen Wettlauf mit der Zeit, uns begegnet dort keine der Bedrohungen, vor denen man uns gewarnt hat: keine auflauernden Räuber, unangenehmen Mitreisenden, verdächtige Autos, die gewöhnliche Reisende in der einen oder anderen Richtung jagen.

Dann sind wir wieder auf kroatischem Staatsgebiet, in der Zwischenzeit hat sich dort nichts verändert, außer daß wir jetzt vergleichen können, ob die Zagreber Geschäfte ein reicheres Angebot haben als die Belgrader, ob die Leute dort mehr und besser einkaufen können, außerdem, wie die kroatischen Menschen miteinander umgehen, ob es auch hier jene in Belgrad bemerkte Barschheit gibt. Gemeinsam ist ihnen jedenfalls das gesunkene Niveau bei den Verkäufern und Verkäuferinnen, niemand legt gesteigerten Wert darauf, Sie zu bedienen, alles geht ohnehin, wie es geht. Vielleicht ist nur ein Auseinanderklaffen im Volumen dieser Städte sichtbar, Zagreb scheint nach allem eine kleine, bescheidene und relativ kultivierte Stadt zu sein, aber mit viel weniger Tempo, weniger Menschen, weniger von jener Heftigkeit, jener Belgrader. In Zagreb ist den Menschen möglicherweise schon klar, woran sie sind, in Belgrad noch immer nicht. Auch hier gibt es Hürden auf dem Weg nach Europa, aber doch viel weniger, als vor den Serben stehen. So sind die Kroaten in gewisser Weise vielleicht ruhiger, oder ihnen ist bereits bewußt, daß es in der Zukunft nicht leicht, auch nicht einfach wird. Diese Zagreber Menschen sind nicht klüger, sondern haben, so scheint es, weniger Illusionen. Die Serben sind ein gefährlich starkes Volk, aber großenteils unüberlegt, manchmal naiv in ihrer Kraft. Wie ein vorzeitig groß gewordenes Kind, das alles im Haus umstößt, ungeschickt und unbedacht, und vielleicht ist auch dieses Haus von unzureichenden Dimensionen. Und daher die verrückte Idee, das Haus ihres Lebens auf Kosten anderer zu vergrößern. Aber eigentlich nimmt mein einstiges Heim einen weit größeren Raum ein, als bis wohin der Appetit der serbischen Eroberer reicht. Weil ich auch in kroatischen Gebieten zu Hause bin, woher alle meine serbischen

Vorfahren stammen, und später kommt die ungeheuer lange Zeit meines Lebens, die ich in der Hauptstadt, der serbischen, in Belgrad, zugebracht habe. Und dann sammle ich auf dieser Reise mein ganzes Hab und Gut zusammen, wenn auch in einem geistigen Sinn, für das es, hoffe ich, in irgendwelchen Grundbüchern ebenfalls bestimmte Einträge gibt. Ich will sagen, daß mir mein Eigentum an den Gebieten meiner Geschichte niemand wegnehmen kann, schon gar nicht die Kamarilla verschiedener, meist ephemerer Regierungen. Es gab in meiner Familie, wie in vielen bürgerlichen Milieus, verschiedene Unannehmlichkeiten, als das vorgefundene Vermögen der verschwundenen Eltern aufgeteilt wurde, wobei in der Hauptsache ich das Nachsehen hatte. Dieselben Tanten, die meinen winzigen männlichen Körper in der Kindheit mit großer Zärtlichkeit gebadet hatten, diese alten Damen rafften nämlich das meiste von unserem Erbe an sich, und wenn ich meiner jetzigen Frau viele Häuser unserer Vergangenheit zeigen will, besteht alles überwiegend auf Fotografien, in einer essayistischen Aufstellung meines Erbes und nicht in wirklichen Werten. Ich zeige ihr also dieses oder jenes Haus, das der in die Weltrevolution verwickelten Familie gehörte, aber nur als Orte, an denen ich geweilt und gelebt habe, und nicht als irgendeinen realen Besitz, der im Laufe der Jahrzehnte zu mir gekullert wäre. Und das, was meine Tanten mit dem großen Appetit nicht zu zerstückeln und auseinanderzureißen vermochten, besorgten die Barbaren verschiedener Armeen im letzten Krieg.

Kurz bevor wir in Zagreb eintrafen, machten wir einen Abstecher zu meinem, nennen wir es, Stammland, irgendwo im Herzen Slawoniens. Dort in dem kleinen Städtchen Nova Gradiška stand das ansehnliche Haus meines

Großvaters mütterlicherseits, des Besitzers mehrerer Häuser, des Weinproduzenten und passionierten Gärtners, sein auf einem Teil des Besitzes angelegter französischer Garten war in den Jahren meiner Kindheit ein Wunder der Hortikultur, und der Duft der Blumen und Anpflanzungen begleitet mich bis heute. Ich kann nicht behaupten, die Familie, aus der ich stamme, habe aus lauter erhabenen, in allen ihren Handlungen tadellosen Geistern bestanden, die letzten Generationen beweisen vielleicht nur das Gegenteil. Und dennoch meine ich, daß die Grundlage, das, was meine Urgroßväter und besonders mein Großvater und meine Großmutter getan haben, ihr Um-mich-Sein in meinen frühen Jahren, einen unschätzbaren Fundus angelegt hat, an menschlichen Regungen, Weltempfinden, Geist, Moral und – was am wichtigsten ist – eine humorvolle Sicht auf die Dinge, das war jene kleine Plattform, auf der ich mich aufrichten und stehen konnte, wie man das in alten Straßenbahnen an einer solchen Stelle hinten im Fahrzeug tun konnte. So betrachtete ich von diesem Aussichtsturm meines Großvaters und besonders meiner Großmutter eine Welt, die sich mir erst als wundersames Schauspiel darbot. Es mag in dieser Familie große Mißverständnisse, geheimnisvolle Geschehnisse in der Vergangenheit gegeben haben, jedenfalls war ihr Weg zu ihrem relativen Wohlstand schwer und unklar, es gab, glaube ich, dort auch früher langwierige Prozesse um einen Teil des Weingartens oder um eins von mehreren bestehenden Häusern, außerdem meine ich, gab es zwischen diesen Großeltern auch jene unvermeidliche Nervosität, ein Aufeinanderprallen der Charaktere und Mentalitäten, all das ziehe ich in Betracht, und dennoch glaube ich, die schlechte Seite ihres Lebens wurde, vielleicht unbewußt, von mir ferngehalten, so daß ich rein und unangetastet in die Welt hinausgegangen bin. Das war möglicherweise gar nicht das beste, durch diese Situation fehlte mir wahrscheinlich der notwendige Schutz gegen so manches, was mir im Leben begegnen sollte, aber es war so. Und wenn ich heute an die Tage denke, die ich hier, auf dem Asphaltfleck, der den Grundriß des früheren Hauses bezeichnet, verbrachte, herrscht ein einziges Bild vor, der Raum des Gartens, den mein Großvater eigenhändig hegte. Von diesem ansehnlichen Garten sind natürlich nur Fotografien übriggeblieben und das, was von diesem Garten als Institution der Natur in einzelne Gedichte, in Bücher, in die Literatur einging. Wie von dem ganzen Haus diese winzige Spur übriggeblieben ist, während ich auf dem nackten Beton als dem Grundriß des ehemaligen Gebäudes stehe, zeige ich meiner Frau, in welchem Teil der Luft über unseren Köpfen welcher Salon, welches Zimmer, welcher Korridor war. Das Haus, in dem ich die langen Sommer meiner Vorschulzeit verbrachte, erfüllt von allem Zauber eines angenehmen, nicht übertrieben luxuriösen Heims in der Provinz, in dem aber dennoch alles an seinem Platz war: der Tisch und das Glas mit Himbeersaft auf dem Tisch und die Mutter, die über dieses Kind, das Himbeersaft trinkt, wacht – alles ist verschwunden in dieser Luft, als hätte es ein Zauberer mitgenommen. Dies geschah noch in der Zeit des sozialistischen Reichs, als dieses schon lange verkaufte Objekt als unwichtig abgerissen und an seiner Stelle ein Parkplatz angelegt wurde. Denn diese Heimat meiner Vergangenheit, voller Kleinigkeiten meiner Kindheit, passender Möbel, Porzellan und schöner Glaswaren, all das zusammen hatte keinen allgemeinen Wert, außer jenem speziellen, der nur für eine einzelne Person von unschätzbarer und unauslöschlicher Wichtigkeit ist.

Nachdem wir uns an dieser durchsichtigen Luft, in der einst ein ganzes Leben gestanden hatte, sattgesehen haben, fahren wir ein bißchen weiter, in die Vorstadt dieses Städtchens, wo jahrhundertelang eine winzige orthodoxe Kirche und um sie herum die kleine Siedlung Medari gestanden hatte. Dort dienten über Jahrhunderte meine Vorfahren bis zu meinem Großvater als Geistliche. Vom Vater wurde dieser Popenberuf an den Sohn weitergegeben, und erst mein Großvater weigerte sich Anfang des zwanzigsten Jahrhunderts, als er seinen Vater, Erzpriester des und des, beerdigt hatte, diese Tradition fortzusetzen und warf sich auf Pferde, auf Wein und auf Blumen. Dennoch möchte ich diesen Nukleus unserer ganzen Familie besuchen, es dämmert; aber dort, wo die Siedlung sein müßte, gibt es nicht einmal glühende Kohle. Das Dorf wurde nämlich zusammen mit der Kirche im Jahre 1991 bis auf die Grundmauern niedergebrannt. Anderthalb Jahrzehnte sind seit diesem Ereignis vergangen, und kein Hund ist dort aufgetaucht, es gibt keinen Vogel, der auf die Brandstätte fliegt, alles liegt nur im Dunkel des Maienabends und im Mondschein, der wie von Edgar Allan Poe ist. Wir sind im Dunkeln, unsere beiden Seelen auf der Suche nach der eigenen Vergangenheit, meiner und ihrer. Und so gehen wir durch die ausgestorbene Siedlung wie durch das Mausoleum eines anständigen, in eine Brandstätte verwandelten Lebens. Niemand in der Nähe, um uns aufzuklären, was dort eigentlich geschehen ist, einen Kustos dieses Schreckens gibt es nicht. Und wir brauchen auch keinen. Weil ich schon gehört habe, was und wie es war. Zuerst begannen irgendwelche marodierenden Brandstifter unter den kroatischen Nationalisten, die serbischen Häuser zu zerstören und niederzubrennen, in der Meinung, alle Serben machten mit beim Aufstand gegen ihre Herrschaft. Dann begann die jugoslawische Armee zur Verteidigung dieser Bauern mit Kanonen auf kroatische Stellungen zu schießen. Dabei trafen die serbischen Artilleristen den Turm ihrer eigenen Kirche und der meiner Väter, weil, heißt es, dort, auf der Spitze, direkt unter dem Kreuz ein Scharfschütze der Ustascha gesessen habe.

So gehen wir auf diesem Friedhof meiner Heimat umher, vernichtet durch die gemeinsamen Kräfte, die serbokroatischen. Wie auch unsere Sprache früher serbokroatisch war, zwei nahe Varianten, verbunden zu einer Sprache, und wir sehen, daß auch einige Taten, sehr häßliche und maligne, in ihrer serbokroatischen Bedeutung vereint waren. Es ist schwer, einem Hitzkopf vom Typ Handkes alle Verbindungen und Loslösungen zwischen diesen zwei Völkern, dem serbischen und kroatischen, genau zu erklären. Die jahrhundertelang zusammengelebt haben, durch den Zwang vieler Umstände, aber nicht so, daß nun alle Augenblicke einer von ihnen den anderen unterdrückt hätte. Mein Großonkel zum Beispiel war ein berühmter Arzt in Slawonien, hatte in Graz studiert, und dann trat er dort seinen Dienst an, wo er herkam, in der Umgebung eines Ortes namens Đulovac. Im Jahre 1909 war er mit einer Gruppe anderer angesehener Serben aus Kroatien des Hochverrats an der österreichisch-ungarischen Herrschaft angeklagt, aber wurde zusammen mit den anderen freigesprochen, weil es selbst in dieser beschränkten Monarchie eine gewisse Rechtssicherheit und juristische Korrektheit vor Gericht gab.

Er behandelte also die Leute dort, aber nebenbei betrieb er Bildungsarbeit im Umkreis, pflanzte Wälder, kümmerte sich um den allgemeinen Zustand der Bewohner und starb unmittelbar vor dem Ende des Ersten Weltkriegs, von einem Patienten mit Spanischer Grippe angesteckt. Bald darauf wurde dieser Ort nach ihm benannt, Mioković́evo. Diesen Namen gibt es nicht mehr, weil das Regime Tuđmans den alten Namen wieder ausgegraben hat, die magyarisierte Version eines türkischen Wortes, Đulavez, Đulovac. Sollte ich deswegen Lärm schlagen, um den Namen meines Großonkels zu verteidigen, oder reicht es, dieses als unmittelbarer Zeuge zu vermerken? Als Chronist einer schwierigen Geschichte, einer durch zahlreiche Unklarheiten, Mißtrauen und offene Unduldsamkeit verwickelten.

Ich bin nicht da, um meine über Kroatien verstreuten serbischen Leute zu verteidigen, auch nicht meine 1991 von jugoslawischen Panzern schwer angegriffene kroatische heimatliche Scholle. Sondern gehe nur auf diesem gemeinsamen Boden unseres Unglücks umher, besuche meine verlorenen Besitztümer und jenes allgemeine Gut, das mein Land ausmachte. Auf das ich keinerlei Rechte, verbrieft in den Grundbüchern, mehr habe, außer in einem allgemeinen Buch unserer gemeinsamen Geschichte. Wo bisweilen der Turm einer Kirche meiner Vergangenheit, wie bei einer Überschwemmung, hervorschaut, und das ist alles. Aber diese Vergangenheit hat einen größeren Umfang, als ihn jemandes nationaler Charakter markieren kann.

Danach halten wir uns in der kleinen Stadt Krapina bei Zagreb auf, wo in einem schönen Haus an der Hauptstraße meine Frau geboren wurde. Natürlich wurde aus Gründen der Disziplinierung in den ersten Jahren des Sozialismus ein Teil des Hauses anderen zugewiesen. In diesem Gebäude lebte und arbeitete früher der kroatische Maler Josip Seisl, und erst danach kam das Haus in die Hände der Familie Wochel, der mütterlichen Linie im Stammbaum meiner Frau. Diese Leute, offensichtlich deutscher Herkunft, kamen einst aus dem österreichischen Örtchen Judenburg, und dies wiederum deutet darauf hin, daß sie eine ziemliche israelitische, jüdische Ader haben, ich meine also, ich lebe mit einer jüdischen Frau, die erst nachträglich Kroatin wurde. An deren Kroatentum ihr soviel liegt wie mir an meinem Serbentum, also gar nichts. Wir reisen daher durch die Heimat, unser Geburtsland, und betrachten dieses Moment, wie es sich gehört, als Zufall. Weil Lidija so sehr Kroatin ist, wie ich Serbe bin, also nur teilweise. Die Mutter meiner Mutter war Österreicherin, aus der Grazer Gegend, und heiratete, wie es Brauch bei uns war, in eine Familie mit einer gewissen Tradition ein, einer jahrhundertelangen. Wo die Männer gewöhnlich kroatische oder ungarische Mädchen heirateten, wie nach einer Regel oder einem Gelübde. Wer wird die Blutkörperchen in meinen Adern und im Kreislauf meiner Kinder ausrechnen?

Kein Handke kann das entflechten, und eine Entflechtung strebe ich auch gar nicht an, sondern nur das Bild dieser Verflechtung, die ewig ist. Und als wir in das schönste Gebiet Nordkroatiens, in das Zagorje, aufbrechen, denke ich, wir gingen an unseren gemeinsamen Ursprung zurück, aber nicht im Sinne einer strengen Zugehörigkeit zu einer bestimmten nationalen Blutgruppe.

Zuerst denke ich, daß wir in einer Gegend der Schönheit und einer fast paradiesischen Stimmung zu Besuch sind. Das müßte ein Ausklang unserer ganzen Tour sein, ein Hinabsteigen in das Tal des Friedens, wie auf eine Insel der Ruhe. Denn in diesem Augenblick, im Juni, breitet das Zagorje sein Grün aus wie einen Teppich für Gäste und wie eine Decke, eine himmlische, für das Leben darunter. Früher dachte ich, die Schönheit einer Landschaft könne Einfluß nehmen auf die Grausamkeit der Soldaten, was eine reine Illusion ist. Dort, wo die lieblichste Natur war, schlugen die meisten Kanonen der ruhmreichen serbischen Artillerie ein, die der alte kroatische Dichter Krleža ironisiert hatte. Wie auch die stillsten und ganz ordentlichen bosnischen oder anderen Dörfer die Hand des Brandstifters nicht aufhielten, sondern ganz im Gegenteil. So gehen wir in dieser göttlichen Atmosphäre umher, nicht ganz sicher, ob wir – wie auch die Leute, die in diesem Bergland leben – den Frieden dort verdienen, womit unser Auge es überhaupt verdient hat, sich auf dieser prächtigen Landschaft ausruhen zu dürfen, wo wir uns doch mit schwierigen Themen und schrecklichen Fragen beschäftigen. Dennoch begreife ich diese Umgebung als vollendete Tatsache, vor der man nicht fliehen und die man schwerlich durch irgendwelche Überlegungen verderben kann. Dann schlängeln wir uns auf angenehmen Wegen zwischen Linden und zahlreichen Obstbäumen durch, um zu diesem oder jenem Palast zu gelangen, dem Stolz des ganzen Zagorje. Was dem Betreten irgendeiner Festung der alten hiesigen Aristokratie vorausgeht, ist ein Vorwort zur althergebrachten Art des Bauens im Zagorje, zu einer auch für kroatische Familien mit mittlerem Vermögen erschwinglichen Form, ihrer Villa.

Gewöhnlich auf ein Steinfundament gestellt, ist dieses Haus zum Wohnen, Leben und Produzieren von irdischen Nahrungsmitteln, die ringsum wachsen, aus schweren Planken edlen Holzes gemacht, als müßte man jedes dieser Gebäude zu einer Schiffsformation, einer Flottille des frühen kroatischen Bürgertums rechnen, das durch die Geschichte und die Zeit segeln muß. Wir sind dann an einem Vormittag mitten im Zagorje in der Villa der Filipovićs, eigentlich in dem, was von diesem einige jahrhundertealten Objekt in unsere Tage gesegelt ist: das riesige, geräumige und irgendwie zwischen Bäumen versteckte Haus dieser Adligen hat einige Male gebrannt, es gab auch kleine Erschütterungen, sowohl tektonische als auch gesellschaftliche, was ist nicht alles über dieses imposante Dach hinweggesaust, einerlei, jeder dieser Räume behielt den Geruch der Epoche, ihre Dramaturgie, ihren Dekor, ihre wertvollen Requisiten. Hunderte von alten Fotografien, Möbel, Gebrauchsgegenstände, Glaswaren, Waffen, Landkarten und dann dieser Film der Gegenwart, den man auch weiterhin durch die schmal eingeschnittenen Fenster verfolgen kann, das ist eine Welt, angehalten im menschlichen Lauf und trotzdem immer noch aktuell, wo man sich heute wie früher an den Kartentisch setzen kann, an den Tisch, auf dem eine Partie Domino gespielt wird, und wie damals kann man, wenn nötig, durch eine verborgene Öffnung die engen Treppen in den Keller hinabsteigen, um Wein und hausgemachte Würste zu holen.

Vielleicht kann man mit Orten wie diesem den Geist eines Volkes am besten bewahren, besser als durch Schießen auf Nachbarn, sicherer als durch Niederbrennen von Häusern Andersgläubiger. Denn was für ein Volk heute auf dem kroatischen Boden lebt, ist völlig ungewiß, es sei denn, man vernachlässigt die Tatsache, daß wie bei jeder anderen europäischen Nation ein allgemeiner Wirrwarr in der Abstammung herrscht, eine Mischung irgendwelcher Elemente jener angeblich »alteingesessenen« Ethnie mit Komponenten von Neuankömmlingen, Vorüberziehenden, Angesiedelten und befriedeten Eroberern. Wie die Namen der hiesigen Adligen von damals beweisen – von einer echt kroatischen Abstammung ist hier wenig zu sehen, größtenteils sind es ungarische, österreichische, italienische, tschechische, manchmal jüdische oder serbische Nachnamen. Seltsam ist der Drang dieses so sehr empörten Volkes, seine Autochthonie zu beweisen und gleichzeitig eine Sehnsucht nach einer Herkunft zu zeigen, die nicht die seine ist: Noch heute taufen feine Agramer Familien ihre Kinder auf ausgesprochen ausländische Namen, in den besseren Fällen stammen sie aus der Geschichte der benachbarten mitteleuropäischen Völker, in den trivialeren sind es Namen von Helden aus ausländischen Kolportagen, Heftchenromanen und trivialen Filmen. So will die kroatische Ethnie zwar autochthon sein, aber als ob sie es auch wieder nicht wollte, heißt kaum einer von ihnen Ivan oder Josip. Dieses kleine Beispiel deckt die Wurzel der kroatischen Neurose auf, weil die hiesigen Menschen zwar in Europa sein möchten, aber auch wieder nicht unbedingt, in der Meinung, es sei am schönsten, im eigenen Hof zu bleiben, wie klein er auch immer sei, schon weil er ordentlich, schön eingerichtet und angenehm ist.

Wir fahren durch diese paradiesische Gegend, gehen zu einer Vergangenheit auf Besuch, die ebensosehr die von Lidija ist wie meine, wir sind Kinder dieses Bodens, und das kann uns keiner nehmen, und doch überzeugt uns jeder Schritt in diesem Raum von einer Allgemeinheit, die als Vorwort und Voranschlag unseres ganzen Daseins hier existiert. So sind wir womöglich so sehr Fremde in dieser Gegend wie das ganze Volk, das da lebt, und sie sind, weil sie da geboren wurden, wiederum nur Erben, Erben des Vermögens an einigen Quadratkilometern Land sowie jenes langen Stammbaums der vorherigen Bewohner, Besitzer, Herren dieses Raums, die überwiegend Fremde waren. Aber der Mensch ist ohnehin ein Fremder auf dem Planeten Erde, auf den er von wer weiß woher gekommen ist, und so ist auch das im heutigen kroatischen Gebiet namens Zagorje lebende menschliche Wesen ein Fremder unter toten Vorgängern und unter verschwundenen Promotern der hiesigen Geschichte. Das alles muß man im Auge behalten in einer Umgebung, die durch ihre nationalen, hinsichtlich ihrer Autochthonie völlig zweifelhaften Merkmale schwer belastet ist, worüber man mit großer Vorsicht nachdenken muß. Weil wir alle zusammen mit der auf diesem Boden erhaltenen Geburtsurkunde nur entfernte europäische Verwandte einer sehr komplizierten und vielschichtigen Gruppe der indoeuropäischen Rasse sind, die hier in diesen Bergen hängengeblieben ist, wie die bekannte Arche auf dem Ararat gelandet ist. Und da unsere Rasse nun schon aus dieser kosmischen Kapsel in diesen wundervollen Raum gekommen ist, muß sie ihn auch genießen wie etwas wer weiß von wem Geschenktes und diese Häuser einer allgemeinen südeuropäischen Chronik fördern, so gut es geht. Was bedeuten diese zehn Festungen des alten Adels in dieser Region, wenn nicht einen vorbürgerlichen Wohnort, das, was bei den Italienern Borgo heißt, eine Gruppe ähnlicher Gebäude im Besitz einer Familie, mit allen Elementen der künftigen Stadt, also eine Polis im altgriechischen Sinn, die gleichzeitig eine Art Festung war. Denn schon in den alten Zeiten wünschten sich die Menschen ihren Staat, auch wenn er den Umfang nur einer Familie einnahm. Deshalb scheint es übertrieben, wenn sich die Verteidiger der Nation, die sich auf halbem Weg zwischen dem Miniaturstaat einer Familie und jenem allgemeinen, dem eines Kontinents oder der ganzen Welt befinden, heute Sorgen machen. Vielleicht ist schon jedes Individuum für sich ein Staat oder eine subjektive Nation, die sich unmittelbar in die Bedeutung der Welt einfügen muß, und alle anderen Konstitutionen, die administrativen und übrigen, sind reiner Überfluß. All das kommt mir in den Sinn, während wir zur schönsten Villa im Zagorje, zum Veliki Tabor, hinaufsteigen. Denn das ist tatsächlich ein riesiges Zelt unter dem Himmel, eine steinerne Plane, über einige mächtige Menschen unserer Vergangenheit gespannt, womit der Wille dieser Herren bewiesen wurde, sich mit den Formen dieses Bauwerks und seiner Schönheit in die Bedeutung der Natur, vielleicht in die kosmischen Ausmaße einzufügen. Das war in einem bestimmten Augenblick tatsächlich eine Maquette für das Leben der Menschen, für ein ehrbares, würdiges, unbeugsames und zur Pracht neigendes, eine Urform, nach der man durch Ambitionen, Entschlossenheit und Vernunft streben muß. Mir scheint, ich bin an der Quintessenz unserer Reise angekommen, in einer Gegend, die mit ihren etwa zehn alten Gebäuden den Menschen meiner ehemaligen Länder die Zuversicht zurückgeben müßte, den Gedanken, daß noch nicht alles aus ist mit uns, noch ist Polen nicht verloren, und wir auch nicht.

Danach kommt der Moment, mich bei meiner Frau zu revanchieren und ihr mein Geburtshaus am Gipfel der Zagreber Kralj-Zvonimir-Straße zu zeigen. Diese war eigentlich in der Nachkriegszeit sehr lange nach der sozialistischen Revolution benannt gewesen, aber da ähnliche Begriffe im neuen Kroatien zum alten Kram und auf den Kehricht geworfen wurden, ist er also wieder da, der König aus der fernen Vergangenheit, unter dessen Zeichen ich in der Nummer 76 auf die Welt kam. Am Anfang ist es eine sehr breite Straße, fast ein Boulevard. Mit ihrem Ausgangspunkt in einem runden Platz, dessen Schicksal und Namen ebenfalls sehr wechselhaft waren. In der Zeit vor dem Zweiten Weltkrieg wurde dort ein Künstlerpavillon erbaut, eine Zeitlang wollte man an dieser Stelle eine Džamija, eine Moschee, errichten. Weil die kroatischen Nationalisten die muslimische Ethnie immer als zu ihnen gehörig betrachtet haben, warum sollten wir ihnen als Verwandten denn nicht eine Moschee mitten in der Hauptstadt Agram errichten? Was dann doch nicht geschah, es blieb beim Künstlerpavillon, und der Dichter Krleža, der in der Nähe wohnte, nannte diesen Platz deshalb Pidžamija-Platz. Eigentlich nannte man ihn Platz »N«, wie in einem Kriminalroman. Nach dem Krieg wurde er Platz der Opfer des Faschismus getauft. Der kroatische Diktator Tuđman löschte die Erinnerung an den antifaschistischen Krieg, obwohl er in diesem Krieg Titos General gewesen war. Bewußte und kompromißlose Menschen demonstrierten jahrelang an diesem Ort, weil ihnen der neue, den vermeintlichen kroatischen Herrschern gewidmete Name dämlich vorkam. Mit Tuđmans Fall fiel auch der neue Name, heute stapfen wir erneut über den Platz, der an die Opfer des Okkupationsterrors erinnert. Dann fahren wir nach Norden, dort wird meine Straße etwas enger, obwohl sie die Hauptsache beibehält, viel Grün, Bäume in der Blüte. So ist es auch an dem Punkt, zu dem wir streben. Es ist eine bescheidene Villa, erbaut in den zwanziger Jahren des letzten Jahrhunderts, soweit ich mich erinnere, gab es dort nur noch zwei oder drei Wohnungen, mein Geburtsnest befand sich im oberen Stockwerk, es gab auch einen Balkon, der auf den Garten hinausging. Jetzt betrachten wir diesen Balkon, leer, ich denke, lediglich ein Stuhl ist dort in der Ecke stehengeblieben, weil wahrscheinlich manchmal jemand dort hinausgeht, um ins Grüne zu schauen. Von außen betrachtet ist das Haus leer, wie es jedes Geburtshaus sein sollte. Und nicht daß fremde Leute darin herumfuhrwerken, indem sie die Akten in dem neuentstandenen Büro durchwühlen oder sich über jene Zimmer ausbreiten, in denen jemandes Kindheit begonnen hat. Ich finde sie traurig, die Umstände unseres Wohnens, unseres bürgerlichen, europäischen, menschlichen, die Umzüge, diese dauernden verdammten Ortsveränderungen unseres Daseins. Kann man denn ohne Hemmungen in eine Wohnung hineingehen, die einem anderen gehört hat, als wären wir in sein Leben hineingegangen. Und dann gehen wiederum auch wir selbst in eine Wohnung, die bis vor kurzem die eines anderen war. Und wie wir sehen, geschieht das über Jahrzehnte, und wir alle nehmen daran teil, ohne darüber nachzudenken, was wir da eigentlich machen.

So denke ich auch hier, vor meinem scheinbar unbewohnten Vaterhaus, an die Personen, die dort, hinter den bunten Vorhängen, auf jeden Fall existieren müssen, vielleicht beobachtet auch dieser Jemand uns beide, die wir auf der Straße, am Rand des Trottoirs stehen und schauen – wohin? In eine Vergangenheit, die es nicht gibt und die in meinem Auge nur wie ein Streifen eines vor langer Zeit gesehenen Films abgespult wird. Da ich in diesem kleinen Haus kaum anderthalb oder zwei Jahre gelebt habe, sind die Bilder meiner Erinnerung sehr fragwürdig: Weiß ich sicher, was sich in diesen Gemächern abgespielt hat, oder habe ich nur von meinen Eltern und Verwandten gehört, was für Geschehnisse dort geschehen sind und warum. Ich denke, in der Zeit meiner Geburt ist mein Onkel in unserer Küche vom Stuhl gefallen und hat eine Gehirnerschütterung bekommen. So kerbte sich diese Szene, fast wie aus einem Zeichentrickfilm, in diese ersten Tage meiner Geschichte ein, später bekommt man das schwer wieder weg. Ich denke, ich habe bereits damals das abendliche Spiel der Älteren am Eßtisch, Mensch ärgere dich nicht, beobachtet. Weil dieser komische Sorgenvertreiber aus der ersten Hälfte jenes Jahrhunderts ein Trost für viele Familien war, die sich in der Einfachheit des Alltags durchs Leben schlugen. Mein Vater, ein bescheidener Handelsgehilfe, verheiratet mit einem reichen Mädchen und dennoch erfolglos, ein wenig dem Alkohol zugeneigt, anziehend für die Damen, die in seinem Geschäft Eßbesteck kauften, meine Mutter, die einen schönen, aber armen Burschen aus der Lika zum Mann genommen hatte, ein zufälliger Freund oder Nachbar sitzen an diesem Tisch, der bis heute hinter diesen geheimnisvollen Vorhängen geblieben ist, und versuchen, sich nicht zu ärgern, wenn es die Männchen, die ihnen gehören, nicht in das für diese Männchen bestimmte Haus schaffen. So bin auch ich nicht mehr in der Lage, in mein Geburtshaus zu gehen, Mensch, Ćosić, ärgere dich nicht, daß es so ist! Denn die Methode, nach der sich Leute in einer Wohnung, einem Haus, einem Heim ablösen, wie Generationen aufeinander folgen, ist irreparabel, es gibt nur noch wenig dauerhaften Besitz in einzelnen Familien, wie auch nur noch wenige aus einer Generation vollzählig sind, ihre Mitglieder sind in der Mehrzahl tot. Deshalb fühle auch ich mich, während ich vor meinem Geburtshaus stehe, wie ein Relikt, wie der atavistische Rest des Schwanzwirbels am Ende der menschlichen Wirbelsäule. Ich gehöre nicht mehr in mein Geburtshaus, obwohl ich noch ziemlich lebendig und gelenkig bin, das ist jetzt das Heim anderer Leute, wir haben dort nichts zu suchen, wir können uns dort vielleicht fotografieren lassen, und das ist alles.

Dann sitzen wir erneut im Kleinen Café, in Zagreb, diesmal in Gesellschaft des großen Meisters der Graphik, Ivan Picelj. Um uns ein Getümmel von jungen Leuten, die herumrennen wie jene in Belgrad, und wir hier, wir drei auf dem Ban-Jelačič-Platz versammelten Erwachsenen überlegen, was und wie. Weil Picelj ein Paradigma aller Gegensätze zu den herrschenden Auffassungen der kroatischen Gesellschaft ist, Picelj ist bereits ein halbes Jahrhundert modern in jenem klassischen Sinn eines Seins in der fernen Zukunft. In einer tödlich traditionellen und traditionalistischen Umgebung schneidet er sein Linoleum, schwingt er seine mit chinesischer Tusche getränkte Feder, bildet er geometrische Formen von nie gesehener Schönheit, ohne sich um die schlichte, triviale, eigentlich primitive Trasse einer Gesellschaft aus einer mittelmäßig entwickelten, kleineren Großstadt zu scheren, wie es Zagreb schon in den dreißiger Jahren des letzten Jahrhunderts war und in seinen Grundzügen bis heute geblieben ist. Deshalb ist diese kosmopolitische und fast kosmische geometrische Abstraktion der Kunst von Picelj so wichtig. (In der Mitte des letzten Jahrhunderts tauchte in derselben Stadt die Gruppierung EXAT 51 auf, eine Vereinigung von Malern und Architekten, die ebenfalls zur geometrischen Abstraktion strebten. In einer Gesellschaft, die eine dem neuen Leben gewidmete realistische und ziemlich mittelmäßige Nachkriegskunst pflegte, war plötzlich der Ton einer heroischen Avantgarde zu hören wie ein paar Jahrzehnte zuvor bei den russischen Konstruktivisten.) Diese Umgebung braucht dringend die Dimension des abstrakten Denkens, jenes Geistesprodukts, das in den Liedern, wie sie in verqualmten Kneipen erschallen, nicht enthalten ist, nicht einmal in der viel vitaleren turbulenten Musik der neuen Generation. Ist das etwa nicht das Zentrum einer philosophischen Schule, von Leuten, die, leider fast alle tot, in der Zeit von Titos Einheitsdenken frei und ohne Bedenken studierten, was Heidegger sagte, was Bloch, was Gadamer?

Ich erinnere mich noch einmal an die Epoche, die heute von vielen geringgeschätzt, von anderen allmählich wieder aus der Asche herausgezogen wird, und ich meine, man muß dabei einen vernünftigen Mittelweg finden.

Wenden wir uns für einen Augenblick einer lustigeren Form dieser Reminiszenzen zu, einer fast humorvollen, fast auf Hrabalsche Art komischen. Eine alte Bekannte von mir, auch sie heute tot, die in ihrer Jugend, als Mädchen aus gutem Hause, aber eingeschworene Kommunistin, eine Zeitlang die Geliebte von Josip Broz war (weil der künftige Führer der Revolution lange in der Illegalität lebte und manchmal ein bißchen weibliche Zärtlichkeit brauchte), diese ansonsten auch im Alter interessante Person erzählte mir, wie in den ersten Tagen des Kommunismus das Denkmal vom heutigen Zagreber Platz, unter dem wir gerade sitzen, weggeschafft wurde. Zuerst bauten sie eine hohe Bretterwand darum herum, darauf klebten sie irgendwelche aktuellen Plakate und ideologische Reklame, die Leute gewöhnten sich allmählich an diesen Anblick und dachten, hinter der Bretterwand geschehe etwas *in restauro*, aber als man den Holzzaun dann irgendwann beseitigte, war dahinter nichts mehr. Das war natürlich ein Hokuspokus der alten Macht, der sich an ebendieser Macht auf die Dauer rächte: Der Ban reitet jetzt erneut auf seinem Braunen, nur daß er in seiner neuen Aufstellung in die entgegengesetzte Richtung schaut, einmal Richtung Ungarn, das andere Mal Richtung Serbien.

Zagreb besteht als Stadt eigentlich aus einem Geflecht von etwa zehn Straßen um diesen Platz, den Jelačić-Platz, herum. Dort sind an die hundert kleinere oder größere Paläste aufgestellt, überwiegend vom Ende des neunzehnten, Anfang des zwanzigsten Jahrhunderts, den Rest der Stadt bilden kleinere Häuser, die allmählich, wie in der Filmtechnik, in die Vororte und umliegenden Dörfer übergehen. So steht Zagreb auf einem engen Terrain, einem etwas langgezogenen, zwischen der Save und dem Zagreber Berg, und so eingezwängt ist auch seine Gesellschaft, die weiterhin versucht, bürgerlich zu sein. Was bedeuten würde, daß bereits in ihrem Bürgertum als solchem etwas Anachronistisches liegt. Denn diese hundert Familien, die ihre Dignität auch in der Zeit des Sozialismus bewahrten, haben auch jetzt in einer speziellen Form des Übergangs etwas von ihrem Mitteleuropäertum behalten, aber zeitweise hatten sie das auch gerade nicht.

So dauert der Schlußakkord dieser Reise auf jenem Boden, der als Ganzes meine Heimat war und wo jetzt fünf oder sechs unklare Länder daliegen. Das tun sie tatsächlich: daliegen. Wie ein Ringer, dessen Kampf verloren ist, auf den Schultern liegt. In dieser Haltung, in dieser Stellung also, warten diese Kleinstaaten darauf, von Europa empfangen zu werden, wie man im Wartezimmer beim Zahnarzt oder beim Doktor für Augenkrankheiten wartet. Weil jedes dieser heute separaten Völker zuerst sehend werden und sich dann umschauen muß, jedes für sich, aber zu einer solchen Wendung gibt es ohne medizinische Hilfe keine Möglichkeit. Und da alles, was wir auf dieser Reise sehen konnten, so viele Anklänge an das Schauspiel hat, gehen wir in das Theater mit dem Namen Gavella, in eine abendliche Krleža-Vorstellung. Den alten Barden des kroatischen Wortes habe ich nur ein einziges Mal getroffen, später schrieb ich ein paar Bücher über ihn, und eins davon ist eigentlich ein Pastiche und eine Mystifikation, weil es in seiner, Krležas Sprache und Stil geschrieben ist, als legte der tote Poet selbst sein Leben dar. Branko Gavella, den treuen

Regisseur Krležas, den Theatermagier und Promotor, dessen Namen dieses Theater heute trägt, habe ich nie kennengelernt, aber ich pflege noch immer die Freundschaft zu seiner Tochter, der ersten Dame der kroatischen Frankophonie, einer Professorin und wunderbaren Frau, die in den Sommermonaten auch weiterhin gegenüber meinem Rovinjer Heim weilt. So gehen wir, meine Frau und ich, in dieses Schauspielhaus, das nur so scheint, als wäre es etwas Künstliches und entbehrte in seiner Konzeption der Ernsthaftigkeit. Diese Vorstellung, sagen wir, inszenierte ein sehr sonderbares Geschöpf, das darin auch eine Rolle spielt: von Beruf Schauspieler, war er Tuđmans Kulturminister, als Regisseur veranstaltete er die unsägliche Geburtstagsfeier dieses Staatsmanns, und später, als sich seine nationale Glut allmählich abkühlte, kam er zu Krleža. Der zum heutigen, national gefärbten Regime Kroatiens auch in seinem Grab nur ein Antipode sein kann. Das in der neueren Zeit herabgewürdigte und verschüttete Wort Krležas bricht allerdings trotzdem durch die Finsternis und die Misere des aktuellen Schreibens hindurch, er ist weiterhin der Fahnenträger einer proeuropäischen und kosmopolitischen Auffassung, und das spürt man in allem, was er geschrieben hat. Und da das Theater der richtige Ort ist, um viele Dinge zu maskieren, sagt der ehemalige nationalistische Minister, jetzt in der Rolle, die ihm angemessen ist, in der des Schauspielers, durch die Texte Krležas das, was auszusprechen er noch immer nicht die Courage hat. Und dann ist er der, den er auf der Bühne durch diese Sprache darstellt, aber dann auch wieder nicht, weil wir Schauspieler, wie man weiß, nur fremde Gedanken, nicht unsere eigenen vortragen.

5

Es sieht so aus, als müßten wir uns von Zagreb verabschieden, von seiner hauptstädtischen Bedeutung, von allem, was sich in einer Metropole verdichtet und synthetisiert. Ich möchte gerne wieder in den westlichsten Teil Kroatiens, nach Istrien reisen. Um dorthin zu kommen, fährt man durch die unbeschreiblich anziehenden Landschaften des Gorski kotar, eines Landes, in dem jahrhundertelang verschiedene Völker lebten, vor allem Kroaten und Serben. Dort weideten sie ihr Vieh, legten Bahnschienen und hackten Wälder um, und bisweilen, wie in der letzten Zeit, hackten sie sich gegenseitig um, wie in den alten türkischen Zeiten. Denn dort wurden vor mehreren Jahrhunderten Serben angesiedelt, um den Schutzwall gegen den türkischen Eroberer zu stärken, so wurde die Militärgrenze geschaffen. Dadurch kamen teilweise auch meine Vorfahren in die Grenzregimenter des großen Habsburger Reiches, knochige Menschen aus dem Süden Serbiens, vom Kosovo und aus dem Sandžak, sie alle wurden auf künstliche Weise in Bewohner kroatischer Gebiete verwandelt. Selbst als die von den osmanischen Reitern mit den Krummsäbeln ausgehenden Gefahren vorüber waren, blieben sie dort. Auf diese Weise mischten sich unsere Völker, im Dienste fremder Herren bildeten sie diese Collage aus Menschenmasse, wobei sie die Besonderheiten des einen oder anderen Volkes bewahrten und auf demselben Hof zusammenlebten. Das erwies sich im letzten Jahrzehnt als verhängnisvoll, diese Ehe zerbrach, es floß eheliches Blut. Jetzt bedecken die Wälder allmählich die menschlichen Dramen, die Bäume sind weiser als die Menschen.

Ein schön ausgebauter Weg dringt in die Berge ein, wir fahren durch eine Reihe von Tunneln, wie durch einen Uterus, und kommen auf der anderen Seite der Welt heraus, über einer weit ausgedehnten, ganz in die maritime Großstadt, Rijeka, verwandelten Bucht. Ich habe eine Freundin, die dort lebt, eine Schriftstellerin, Autorin von einem Dutzend Bücher, eine gescheite und begabte, aber in dieser Stadt völlig verlorene, niedergedrückte Frau, der Rijeka wie eine finstere Stadt, fast wie ein Gefängnis vorkommt. Das kann kaum verstehen, wer sich zur Abendzeit, wenn eine unendliche Lichterkette blinkt, als böte sich ein San Francisco dar, auf dieser Straße über Rijeka beugt. Und dennoch fühlt sich meine Freundin dort, in dieser Hafenmetropole, die d'Annunzio vor neunzig Jahren auf einem weißen Pferd für die Ziele von Mussolinis Faschismus eroberte, in dieser Stadt mit einer ungeheuer reichen Tradition, im Handel, in der Schiffahrt, im Theater, berühmt für ihre frühen Kinosäle, Restaurants und Bordelle, Angelpunkt interessanter, kluger und unternehmerischer Leute, wo ein Adamič im Laufe eines einzigen Lebens unzählige Unternehmen, öffentliche und kulturelle Aktivitäten in Gang brachte, wo auf kahlem Felsen Fabriken, Krankenhäuser, Parks, ein Operngebäude, Paläste von nie gesehener Schönheit wachsen, – dennoch fühlt sie sich dort nicht wohl und spürt Beklemmungen.

Ich erinnere mich, daß es in diesen, vom ständigen Schatten, den die unmittelbaren Berge auf die Stadt werfen, etwas dunklen Straßen oft sehr feucht ist. Eigentlich überzieht sich der Himmel, wann immer ich dorthin komme, plötzlich mit Wolken, die Kvarner Bucht ist im Nu sturmbewegt, als würde sie etwas vom Grund dieser Adriatischen Ecke aufheizen. Ich frage mich, was das Wichtigste ist für die Stadt Rijeka, Fiume, und ihre Halbschwester, die am Hang errichtete, mit lauter herrschaftlichen Villen aus dem ehemaligen Königreich Jugoslawien bebaute Teilstadt, Sušak. Ich meine, das Kennzeichen dieser Stadt ist der Niederschlag, der Regen. Die Feuchte Gottes geht auf dieses Pflaster und auf diese Dächer und auf die Seelen der Menschen nieder, und wenn der Guß aufhört, bleibt das Gefühl der Erleichterung aus, das mit Ozon das Menschenherz erfüllt. Vielmehr entfaltet sich die Melancholie, eine fast Triestinische, nach dem Regen nur noch mehr. Weil diese beiden Städte ähnlich gelegen sind, als befänden sie sich in den zwei Achselhöhlen des Landes Istrien. Das ist jene Halbinsel, die auf der Europakarte wie jemandes Geschlechtsorgan aussieht. Damit sage ich gleich, daß sich auf diesen wenigen Quadratkilometern möglicherweise der Samensack unseres Kontinents befindet, ein Reservoir dessen, was nur noch geboren werden muß. Und eigentlich könnte das auch eine Insel sein, die nur durch Zufall mit dem Rest des europäischen Körpers verbunden ist, angesichts der Masse von Besonderheiten, gesät entlang diesen kleinen Wiesen und leichten Hügeln. Als ich vor fast einem halben Jahrhundert zum erstenmal durch diese Gegend reiste, kam sie mir gleich wie eine Anthologie vor. So viele verschiedene Elemente der Natur sind an einer Stelle zusammengekommen, das gewaltige, fast alpine Massiv der Čičarija im Norden, quasi nordkroatische oder mittelserbische Täler im Süden, Hügel mit alten Städtchen und Kirchen wie in der Toskana, das Küstengebiet ähnlich wie die Provence. Als hätte jemand einem Fremden alle Modelle unserer mitteleuropäischen Landschaften zeigen wollen und diesen geographischen, geologischen, atmosphärischen Ethnopark angelegt.

Der Tunnel durch den Berg Učka zeigt uns an, daß man dort tatsächlich wie in ein besonderes Gemach der Natur hineingeht, in das helle, durchsichtige Wohnzimmer unseres Kontinents. Jetzt sind wir da, auf diesen schön ausgebauten Straßen, die dem Reisenden jedes Stückchen dieses Supersubkontinents offenbaren, besonders für mich weist diese Schiffahrt zu Lande in die ferne Vergangenheit meiner Geschichte. Weil ich dort in den letzten Jahrzehnten viele Monate und Tage verbrachte, auf dem Berg über der Bucht von Rovinj steht noch immer mein Haus, mein Heim, der Schauplatz von so mancherlei Schicksalhaftem. Wenn ich auch keine maritime Person und mit meinem nordischen Gefühl weit von der Glut dieser Gegend entfernt bin, habe ich dort dennoch eine Poetik geschmiedet, eine gewissermaßen mediterrane. Als schwebte über jener Gegend ein allgemeines, zusammengedrängtes, durchgeseihtes und komprimiertes Sinnsystem, als lägen diese für das Auge anziehenden Details unter einem Netz, das ihnen die ersten Meister der europäischen Dichtung übergezogen haben, und Rovinj, das einst arme Fischerdorf, das all seine Kräfte aufgeboten hat, um mit seinem überdimensionierten Kirchturm von sich und über sich zu künden, sammelt tatsächlich, vielleicht wie in einer transkontinentalen Antenne oder einem Blitzableiter, in ebendiesem Turm die Ladung und Elektrizität dieser wunderschönen Impulse. Weil Rovinj dorthin schaut, über den Golf von Triest in Richtung Venedig, im Rücken hat es Pula, nördlich liegt die Stadt des Dichters Saba, Triest. Das ist ein universaler Raum, von Svevo, Joyce, Rilke, ein Podium der Novellen von Thomas Mann. Jahrzehntelang habe ich diese von einem kostbar toxischen Hauch gesättigte Luft geatmet, und so mache ich es auch jetzt, aufs neue. Für diese Dichtheit der Luft haben Verbannte, Dekadente und Dissidenten gesorgt, in einer großen Spannweite von Stendhal zu d'Annunzio, von Nietzsche zu Pound und Crnjanski.

Die Vorzüge des Rovinjer Lebens liegen schon darin, daß sich alles »an einem Ort« abspielt, wie im klassischen Theater, und die Handlung selbst an Dichte gewinnt, die Ereignisse synthetisch werden. Wie in der Zeit der alten Polis ist alles in Reichweite, vom Handwerker bis zum Brot, vom Wein bis zum essayistischen Kolloquium. Zwischenräume, ausgefüllt mit »nichts«, gibt es kaum, zu jedem Besuch kann ich in zwei Minuten gehen, weil wir ohnehin ständig zu Besuch bei nahestehenden Menschen und dann auch bei uns selbst sind. Es blüht eine unverhältnismäßige Gleichberechtigung der Tätigkeiten, wir schreiben oder malen ein bißchen, und danach bearbeiten wir wie in der Zeit des Candide unseren Garten. Die Rovinjer Zitadelle genügt so einem Prinzip der Renaissance, der Einheit der Handlung, und erfüllt damit eines der klassischen, für die Tragödie vorgesehenen Postulate. In dieser Dramaturgie, auf diesem Feld der Ereignisse bewirkt alles nur die Extension meines Zimmers, meines Daches, meines Gesichtskreises – wie auf einer gigantischen Theaterbühne. Wie bei den dramatischen Darstellungen in den Szenen von Bellini und Mantegna, in der Szenographie von Perugino oder Filippo Lippi haben wir hier diese allgemeine Terrasse, dieses gemeinsame Atrium und diesen Platz für den kollektiven Gebrauch, auf dem sich die ganze materielle und geistige Handlung abspielt, das Salz und Brot einer Zeit, der folgenden zum Gebrauch übergeben. Hier sind unsere Rovinjer Anhöhen, Punkte, an denen wir nach dem langen Weg wie in einem arkadischen Raum Atem holen. Meine Erinnerung explodiert in tausend Bilder, wie früher spielt sich hier die gemeinschaftliche Arbeit des Calzolaios, Fleischers und Malers ab, wieder hat uns diese Insel der Ruhe, unser komplettes und dauerhaftes Haus, Heim der Vergangenheit und Gegenwart, auf ihren Handteller genommen. Ich ertappe mich bei der hundertmal bestätigten Illusion, die abschüssige del Monte-Straße sei meine Treppe, der Platz vor der Stadtuhr mein Wohnzimmer, die Promenade unter dem Leuchtturm mein natürlicher Balkon.

Dann gehen wir auf die Spitze dieser gemeinsamen Feste, wo schon seit Jahrzehnten das Haus unseres Freundes, des Belgrader Regisseurs Arsenije Jovanović, steht. Er hatte während der Kriegsjahre eine schwere Zeit, weil ihm die Belgrader Gesellschaft nicht gerade geneigt war, und in Kroatien verfolgt ihn trotz allem der leise Schatten der serbischen Herkunft. Dennoch hat er sich, wie viele andere, auf den Beinen gehalten, in dem wundersamen Haus, das mir jahrzehntelang soviel wie ein Leuchtturm bedeutete. Denn das Leben dieses Mannes sowie die Umgebung, die er um sich herum geschaffen hat, ist ein Wunder, und so bleibt es zum Glück auch weiterhin. Jahrzehnte schon währt diese Metamorphose alles Existierenden unter Arsenijes Hand und Geist, er hat seinen Raum mit alten Maschinerien, wunderlichen Mechanismen und verrückten Einzelheiten überladen, wodurch ihm die totale Theatralisierung der alltäglichen Umgebung gelang, alles läßt sich auf das szenographische Prinzip, auf das Leben auf der Bühne zurückführen. Eine große, allgemeine und konzentrierte Ungleichartigkeit gibt es beim Besteck, bei den Gläsern, Stühlen, manch anderem, die Gebrauchsgegenstände sind in eine Requisite und einen Theaterfundus verwandelt. Es gab Jahre, in denen man hier durch Speisen, die lukullische Fülle ihres bizarren Geschmacks verzaubert wurde, es war zu der Zeit, als Arsenijes Mutter noch lebte, eine Zauberin der Kochkunst und einer allgemeinen Lebensstimmung, eine kleine Alte mit dem Können der Vestalinnen und Prophetinnen. Mutter und Sohn, diese unvergleichliche Verbindung, beinhaltete ihren gemeinsamen Sinn für das »Seltsame«, ihre vereinte »Verworrenheit«, ihr unvergleichliches Talent, die Zeit total auszurenken, zu versetzen. Ihre Neigung, Ergebenheit und ewige Beherrschtheit von der Nervosität dieses Lebens wurde in Kreativität überführt. Die Flaschen wurden dort wie auf dem Schiff geöffnet, mit einem Löffel, das Bier, wie bei den Seeleuten, aus Tassen getrunken, und im Kamin drehte sich ein Kalbskopf wie mitten auf dem Bachtinschen Platz aus der Zeit von Rabelais. Die Mädchen in diesem Haus waren immer jung, wer weiß, wo sie hingehörten, sie kannten einander nicht. Die Leute, die Arsenije um sich scharte, wirkten, als hätte man per Steckbrief die bizarrsten, unterschiedlichsten und solche, die einander nicht verstehen, ausfindig gemacht. Dort flammte eine große Kirmes der sozialen Improvisation, ein Gastmahl des Nichtbegreifens, die Freundschaft unter Unbekannten. Der Kosmopolitismus in Arsenijes Haus spiegelte eine Zeit der alten jugoslawischen Republik wider, in der sich trotz allem, zumindest manchenorts, der Geist der Verschiedenheit, Besonderheit, Andersartigkeit in voller Toleranz entfalten konnte. Bei unserem Freund war es so: das Schlafen, die Arbeit am Tisch, das Essen, all das wurde in Segmente des Theaters verwandelt, zusammengesetzt, wie in der modernen Zeit, aus vielerlei Unverknüpfbarem, Disparatem. Das war eine Periode der dauerhaften Dekonzentration wie eine Art beabsichtigte Dramaturgie, die Explosion der improvisierten Beziehungen machte unser Leben zur Commedia dell'arte.

In ihren winzigen Händen brachte Arsenijes Mutter frisch panierte Kürbisblüten und Muscheln und mit ihrem Können gezüchtete Schnecken, und diese Franzosen, Dilettanten, Studentinnen, Amerikaner und Rovinjer Abenteurer saßen ringsum auf unterschiedlich hohen Stühlen, auf dem Boden und auf Schiffsbetten und begriffen, daß sie schließlich abgedreht, daß sie endlich auf einer dreistöckigen Warte sind, wie auf einem Segelschiff, das von alleine segelt, mit einem Wort: auf einem Narrenschiff.

Dort, wo auch weiterhin ein kleiner Kongreß der Freundschaft, ein Symposion der Gemeinsamkeit und geistigen Brüderlichkeit abgehalten zu werden scheint – in diesem Augenblick sind irgendwelche Australier bei ihm –, muß ich mich fragen, ob ich in meinem Buch gegenüber den Personen, von denen ich rede, auch aufmerksam genug war, so wie ich mich im Gespräch mit ihnen bemüht habe, die niedrige Temperatur ohne Eifer und Aufregung beizubehalten. Weil ich während der ganzen Reise nicht die Absicht hatte, irgendwen zu beleidigen, selbst jene, die ich, ohne zu zögern, als Verbrecher und Übeltäter bezeichnete, versuchte ich als menschliche Wesen, wenn auch sehr unglückliche menschliche Wesen zu betrachten. Viele von ihnen sind mit sich selbst ins Gericht gegangen, indem sie sich in den eigenen Schädel geschossen oder in jene Art stillen Wahnsinn zurückgezogen haben, den die Unbilden des Krieges mit sich bringen. Einmal habe ich über einen Freund gesagt, ich hätte ihn etwas beleibter angetroffen, was man als Spott auffassen konnte, aber ich denke, das war es nicht. Weil der Mensch, wenn er über andere redet, vor allem über sich selbst redet. Und ich erinnere mich, daß ich auch selbst oft bedeutend schwerer war, als ich es jetzt bin, und wenn jemand mir gegenüber eine diesbezügliche Bemerkung machte, habe ich das nicht unbedingt als Tragödie erlebt. Deshalb bitte ich die zufälligen Teilnehmer dieses Buchs noch einmal inständig, irgendwelche Versäumnisse von mir zu entschuldigen, sie mögen mir glauben, daß die Absichten, die mich leiteten, lauter und vorurteilslos waren. Weil ich keine Vorurteile hatte, wohl aber mein Land einige Zeit mir gegenüber. Wie gegenüber allen, die aus speziellen oder zufälligen Gründen den heimatlichen Boden verlassen und sich, wer weiß wohin, in die Welt begeben haben. Dieses unser Mutterland erhält in einer verallgemeinerten, vollständigen und jedenfalls metaphorischen Form, und nicht in der Gestalt einzelner, dort Lebender, diese Mutter also erhält ihre Vorurteile immer aufrecht, besonders wenn es um ihre Kinder geht, die sich abgenabelt haben und weggegangen sind. Weil ebendiese Mutter Heimat besondere Vorurteile gegenüber sich selbst hat, wenn sie sich unvermeidlich für etwas Besonderes, Außergewöhnliches und das Wichtigste im Universum hält. Das spürt man um so mehr, wenn ein solches Land kleiner ist. Dann gleicht es den bescheidenen und nicht gerade weisen Damen in jeder Nachbarschaft, die ihren kleinen Winkel als Kaiserpalast und ihre Kinder als die wichtigsten Bewohner in der ganzen Umgebung betrachten. Deshalb wird es jeden Unfug, den eines von ihnen angestellt hat, vertuschen, und jene, die beschlossen haben, diese kleine Ecke des Lebens durch etwas anderes zu ersetzen, aus seinem Herzen verbannen.

Jetzt sind wir wieder da, auf der Spitze dieses Turms, wir sind etwas älter geworden, aber es gibt uns noch, es ist wunderbar, daß wir Arsa am Ende unserer Reise getroffen haben. Denn dort, in dieser sanften und verlockend schönen istrischen Gegend blüht noch immer ein Gewächs des geistigen Wohlstands; die Menschen auf diesem Boden sind gesellig, sanftmütig, bereit, jede Verschiedenheit zu akzeptieren, denn sie selbst sind aus Unterschieden geschaffen, man weiß nie, wie eine einzelne Familie, eine Sippe, ein Heim zusammengesetzt ist. Die Nachnamen sind bald slawisch, bald lateinisch, manchmal tendieren sie zur ungarischen oder österreichischen Seite hin, zum Beispiel spricht man in den Häusern, wo wir Wein und Öl kaufen, ein fast völlig italianisiertes Kroatisch, dabei haben diese Leute oft einen südbalkanischen, montenegrinischen Nachnamen. Was haben wir auf dieser Tour, dieser altjugoslawischen, alles gesehen, was für grobe und zarte Details sind uns auf dieser Reise begegnet, bis wir schließlich in dieser Gegend eingelaufen sind, zwischen dem Golf von Triest und den grellen Lichtern der Metropole Rijeka, wo auf einem Boden mit kaum zweihunderttausend Einwohnern ein anderer Menschenschlag zu sprießen scheint, mit gemischtem Blut, gemischten Gewohnheiten und Sprachen, etwas Sublimes, aus dessen Vielschichtigkeit vielleicht die ganze europäische Seele bestehen müßte. Die sich so sehr in vielzählige eigene Komponenten auseinanderfächert, aber langsam dennoch zu einer Verknüpfung dieser Vielzähligkeiten, dieser Verschiedenheiten neigt. Es kommt mir so vor, als käme auf diesem Boden jenes globale Dorf des menschlichen Lebens zum Vorschein, wie sehr sich ein Teil von ihm auch widersetzt. Die Siedlung des menschlichen Seins muß anscheinend ein Modell, eine Lösung finden, dann wird es leichter gehen. Auf unseren abendlichen Erkundungen beschäftigt uns daher nicht nur die ideale Landschaft des istrischen Augusts. Am Ende der Reise wollen wir das Dorf des menschlichen Wesens entdecken. Ich bin sicher, daß diese Alveolen unseres Seins an vielen Orten existieren, wir brauchen wenigstens einen.

Ein solcher ist, denke ich, das Dorf Radovani, in dem sechs Familien leben, und früher war es eine einzige. Trotzdem sind sie immer noch alle Radovani, wie aus einem einzigen Ei, aus einem einzigen menschlichen Samen hervorgegangen. Um jene Mischung aus Teran und Borgonja, den wunderbaren dunklen Wein von den umliegenden Rebstöcken, zu kaufen, kann man auch am späten Abend dorthin kommen. Um elf, wenn die Nachbardörfer tief schlafen, spielen die Radovani Boccia, die Bocciabahn ist der zentrale Ort, an dem sich das gesellschaftliche Leben dieser fleißigen Hände abspielt, die den ganzen Tag auf dem Feld und im Weingarten arbeiten, aber dann werfen sie sich auf ihre Kugeln, als nähmen sie plötzlich eine kosmische Handlung in Angriff. Und während unser Wein in Flaschen gefüllt wird, schauen wir zu, wie auf der sandigen Bahn metallene und hölzerne Kugeln kullern, zusammenstoßen und sich verfehlen. Beobachten wir da etwas aus den Tiefen des Weltraums, ist dieser dörfliche Zeitvertreib nicht nur eine Replik des Geschehens, das sich über unseren Köpfen, aber wer weiß eigentlich wo, abspielt? Und anstatt in den istrischen Plüschhimmel mit seinen ungeheuren Dimensionen zu schauen, weil das Land trotz der sanften Berge relativ flach ist, statt die Augen anzustrengen und in die Bahn einzelner Himmelskörper einzudringen, stehen wir da vor einem kosmischen Modell, wie auf einer Sternwarte, wie in einem Observatorium, wie in einer Schule der Sternenkunde. Was für Lehren vermittelt mir dieses kleine Stadion, diese schmale und kurze Arena, um die herum sechs oder sieben Leute ihr alltägliches Ritual vollziehen? Vielleicht spüren sie selbst, daß das, was sie tun, über einen profanen abendlichen Zeitvertreib hinausgeht, ihre schwieligen Hände, die geschickt mit den festen Bällen umgehen, betreiben eine zusätzliche Sternenarbeit und eine Variante des stratosphärischen Lebens. Nicht ohne Grund wurde in der Umgebung des Städtchens Višnjan ein kleines Observatorium errichtet, das Werk eines Himmelsenthusiasten. Es gibt viele ähnliche Gegenden auf diesem Kontinent – und doch, warum entsteht gerade da, zwischen Zypressen und Schafen, zwischen Rebstöcken und Ölbäumen die astronomische Kunst? Der Mensch ist überall auf den Blick in den Sternenhimmel angewiesen, besonders der Mensch auf dem Meer und dann der Bewohner des sanften Landes, auf das die erste Dämmerung fällt, und damit tritt die ganze Umgebung in eine Sphäre der Stille ein. Es gibt viele Fragen, die ich diesem istrischen Astronomen gerne stellen würde. Was hat ihn dazu getrieben, gerade von dieser Ecke Europas aus seine Okulare in die Unendlichkeit zu richten? Was ist es, das in dieser hübschen Gegend einen Schutz für seine metaphysische Idee geschaffen hat? Denn die Konstellation der Sterne, die fernen und großenteils schon geschehenen Ereignisse in jenem Raum zu betrachten war bereits seit Ptolemäus und Galilei nicht nur eine Sache der Technik, Physik, Optik. Immer regten diese feinen Tätigkeiten mit den dick geschliffenen Gläsern, mit den verlockenden, glänzenden und eleganten Eisenvorrichtungen gleichzeitig auch zum Denken, zum Ziehen von Schlüssen, zu logischen Urteilen an. Weil jedes Stäubchen im All zur Prämisse eines Syllogismus, zum Bestandteil eines Tiefenalgorithmus werden konnte. Möglich, daß eine Zeit der Synthese kommt. An den sanften Hängen um Žminj und um Vodnjan umherzustreifen, wo da und dort noch immer ein riesiger Stier mit einer ungeheueren Spannweite zwischen den Hörnern, der Boškarin, brüllt, ist nicht alles. Es ist angenehm, in der Schenke eines der Radovanibrüder zu sitzen und die

Ernte ihres Weingartens zu kosten. Wunderschön sind die Abende auf dem Inselchen, wie im Gedicht von Šantić.

Aber über all diesen Stimmungen hängt eine Idee, etwas Verallgemeinerndes, Kluges und Weises, die Kugel unserer Existenz dreht sich in der Hand des istrischen Bocciaspielers, wenn sie sie wirft, ereignet sich möglicherweise der entscheidende Zusammenstoß im kleinen All dieser Gegend, unmöglich, daß alles beim Ludismus dieses istrischen Zeitvertreibs sein Bewenden hat. Weil sich in den Gehirnen dieser einfachen Leute ebenfalls starke Mutationen ereignen, in den Zellen und in der Anatomie, jede Pore ihrer Ganglien altert, aber beim Altern denken diese Mikroelemente kosmisch, kämpfen sie für noch unerprobte Ideen und noch unausgedrückte Welten, wenn diese Welten auch in der engen Straße der Siedlung wohnen, wo die Radovani guten Menschen ihren Wein einschenken. Die ganze Anordnung der menschlichen Population, alle Fächer einer Halbinsel, einer Nation, eines Kontinents kämpfen für ihren eigene Überbau. Die molekulare Fermentation, die Bocciabahn des Denkens, die allgemeine Konstellation der inneren Angelegenheiten des menschlichen Kopfes versuchen, den Maschinismus unserer Handbewegungen, die einfachen und offensichtlichen Bewegungen unserer Körper zu überragen, ob wir nun Wein in Flaschen gießen oder Kugeln werfen, etwas steht über alldem, über der Ungeduld, der Nervosität, der Unduldsamkeit, den Konflikten, den Zweifeln und bitteren Abwegen, das menschliche Gehirn verläßt sich noch immer auf seine Ellipsen, auf seine Sternenkonstellation, deshalb bleibe ich so lange bei diesen paar Leuten und ihren klingenden Eisenkugeln. Und sie drehen sich doch!